L'APOGÉE

DE

L'EFFORT MILITAIRE FRANÇAIS

PAR LE

Lieutenant François MAURY

de l'Armée Territoriale

(Edition complète.)

UNION DES GRANDES ASSOCIATIONS FRANÇAISES

FAITES LIRE AUTOUR DE VOUS

L'APOGÉE

DE

L'EFFORT MILITAIRE

FRANÇAIS

NOTE DE L'AUTEUR

Ce recueil est composé de trois fragments écrits au cours et sous la dictée même des événements : *L'Effort militaire de la France* (1914-1917). — *L'Apogée de l'Effort militaire français* (mars-juillet 1918). — *L'Effort suprême, La Campagne de Libération* (10 septembre-11 novembre 1918).

L'APOGÉE

DE

L'EFFORT MILITAIRE FRANÇAIS

PAR LE

LIEUTENANT FRANÇOIS MAURY

de l'Armée Territoriale

(Edition complète.)

UNION DES GRANDES ASSOCIATIONS FRANÇAISES

L'EFFORT MILITAIRE
DE LA FRANCE[1]

(1914-1917)

I. SON AMPLEUR

L'effort militaire français a été, dès les premiers jours de la guerre, intense. N'était-ce point, en effet, un élan unanime, passionné, que celui de la nation, accourant à la défense de l'intégrité nationale, en août 1914 : que celui des soldats de la Marne, qui refoulèrent une armée innombrable, pourvue des plus puissants moyens matériels de destruction ?

Depuis lors, quarante mois sont passés, quarante mois d'épreuves de toute sorte. Ils n'ont pas lassé la ténacité des soldats français. Et c'est avec un vif sentiment du devoir, avec un superbe espoir et je ne sais quelle allégresse juvénile, que nos divisions sont parties, les jours derniers, pour les plaines d'Italie, illustrées déjà par nos pères.

Cet effort militaire français a, durant ces années de fer et de sang, revêtu maints aspects; il s'est exercé dans maintes directions; il est apparu dans les chantiers militaires et navals, dans les mines, dans les usines; il s'est montré sur tous les champs d'action dont disposait l'Entente; il s'est

(1) Conférence prononcée en décembre 1917 à Boulogne-sur-Mer sous les auspices du Comité " L'Effort de la France et de ses Alliés ".

manifesté dans les plus terribles combats que le monde ait jamais vus. Je ne prétends donc pas, en cette causerie sans prétention, dépeindre l'œuvre militaire de la France dans son ensemble. J'entends simplement vous soumettre quelques observations sur trois points, qui me semblent essentiels : l'effort français, en vue de la production du matériel de guerre; l'effort visant à éduquer, à organiser l'armée nationale et les armées alliées; enfin, l'effort moral dont nos soldats montrent, depuis trois ans, l'inoubliable exemple.

II. L'EFFORT EN VUE DE LA PRODUCTION DU MATÉRIEL DE GUERRE

Jamais le *matérfel* ne joua un rôle aussi important que dans cette guerre, préparée méthodiquement par la puissante Allemagne. Vous savez tous que, selon un mot célèbre de Mirabeau, la guerre apparaît traditionnellement à la Prusse comme la plus lucrative des industries. J'aime à croire que les événements effroyables de ces dernières années auront enlevé cette conviction à nos ennemis. Toujours est-il qu'ils la possédaient en 1914, et que gouvernement et nation, militaires, industriels, ouvriers mêmes, tous les gens d'Outre-Rhin considéraient la guerre, en 1914, comme une vaste entreprise industrielle.

***

Je me rappelle avoir lu les impressions d'un journaliste américain qui assista à la campagne de Belgique, en août 1914. Il décrit la marche du gros des troupes allemandes en terre française, après Charleroi. Le récit est impressionnant, par ce qu'il montre du colossal outillage matériel qu'apportaient nos ennemis : infanterie largement nantie de mitrailleuses, de projecteurs, d'artifices, d'un train nombreux; génie pourvu de tous les engins possibles de destruction et de construction; cavalerie, auto-mitrailleuses, auto-canons destinés aux reconnaissances et engagements d'avant-garde; artillerie comprenant tous les calibres avec traction hippomobile pour les uns, automobile pour les autres; aviation dotée de tous les organes de stationnement, de déplacement, de réparation; aérostation comprenant des ballons d'observation et des dirigeables pour reconnaissances.

Cet Américain, dont les sympathies étaient françaises, fut effrayé par le seul aspect de cette formidable armée, patiemment organisée à coup de milliards par une nation aussi populeuse qu'industrieuse.

*

Comment, après le choc de la Marne, où l'élan désespéré des Français repoussa l'envahisseur, comment l'armée française put-elle contenir dans les tranchées un ennemi si puissamment armé ?

C'est, d'une part, que l'Empire allemand fut étourdi sous la violence du coup reçu à la Marne, coup répété à l'Yser, où fut décimée la jeunesse armée d'Outre-Rhin; c'est, d'autre part, que la France, avec une activité et une rapidité exemplaires, se constitua l'outillage de guerre qui lui faisait défaut.

*

Dès septembre 1914, à Bordeaux, le Gouvernement réunit les représentants de l'industrie métallurgique, pour leur demander de consacrer leurs usines à la production intensive du matériel et des munitions. L'œuvre était difficile à réaliser, car la France se trouvait alors privée par l'invasion des trois quarts de ses ressources et de ses moyens industriels.

En commettant le crime de violer la neutralité belge,

d'envahir la Belgique, les Allemands savaient qu'ils mettraient la main sur les charbonnages de ce pays, sur ses vastes approvisionnements de toute sorte, et qu'ils nous enlèveraient nos importations habituelles. En occupant et dévastant nos départements du Nord et de l'Est, nos mines de houille, nos établissements militaires de Douai, les usines de Lille, celles de la vallée de la Meuse, le bassin de Briey, ils s'appropriaient l'essentiel de nos moyens de résistance matérielle.

Un Allemand l'a déclaré, avec une joie non dissimulée, en janvier 1915, M. Schrœder, président de l'Association métallurgique allemande :

« Des 127 hauts fourneaux, qui seuls étaient à feu au commencement de 1913, sur les 170 existant en France, il n'y en a pas moins de 95 qui se trouvent dans la zone de guerre... Trente hauts fourneaux à peine peuvent produire de la fonte en France. »

*
* *

C'est exact, ou plutôt c'était exact. Nous avions perdu 50 % de nos ressources en charbon, 90 % de nos ressources en minerai de fer, 80 % de nos forces productives en fonte et en acier.

*
* *

Malgré l'énormité du désastre, l'industrie française s'organisa. De vastes établissements s'improvisèrent ou s'aménagèrent de toute part, non seulement dans la région de Saint-Etienne et du Creusot, mais à Paris même, non seulement à Lyon et Marseille, mais dans le Sud-Ouest, jusqu'alors si peu industriel.

Il fallut rassembler à nouveau une main-d'œuvre minière et métallurgique en rappelant du front des ouvriers : cela au moment même où, l'armée anglaise n'excédant pas une centaine de milliers d'hommes, où l'Italie n'étant point entrée en guerre, la France devait faire face, avec des troupes moins nombreuses, aux énormes armées des Empires centraux.

Le tour de force qui semblait impossible fut réalisé. La France se remit à produire avec une activité accrue la fonte, l'acier, les munitions, le matériel léger d'infanterie, d'aviation, d'artillerie.

**

Et comme les Belges, les Serbes, les Russes mêmes étaient plus démunis encore que nous, avant même d'avoir satisfait aux exigences croissantes de notre armée, nous leur prêtâmes notre aide. Dès les premiers mois de 1915, une partie de nos fabrications de guerre fut réservée à nos alliés.

**

Faut-il rappeler combien ce matériel de combat, envoyé peu à peu aux tranchées, y fut accueilli avec satisfaction ? Tandis qu'en hiver 1914, nos poilus, privés du minimum de bien-être matériel (les matériaux faisant encore défaut pour construire de bons abris) résistaient à l'ennemi sans les moyens matériels nécessaires : sans fil barbelé, sans un nombre suffisant de mitrailleuses, sans mortiers de tranchée, sans fusées et sans projecteurs pour se préserver des surprises nocturnes, sans le concours d'avions et de ballons d'observation assez nombreux, avec la seule aide des merveilleux 75 et de quelques pièces lourdes prises à nos forts: ils virent, aux saisons suivantes, arriver successivement du fil de fer, des mitrailleuses, des artifices, des mortiers de tranchée de plus en plus puissants, des projecteurs, des avions, des ballons d'observation, puis des grenades, des obus V. B. qu'ils peuvent projeter eux-mêmes avec leur fusil, et des fusils-mitrailleurs, des canons anti-aériens et surtout de nombreux canons d'artillerie lourde, et des pièces d'artillerie à grande puissance, enfin ces monstres, jusqu'ici inconnus, des chars d'assaut.

**

De sorte qu'aujourd'hui, notre outillage d'observation, de destruction, d'écrasement, n'est point inférieur à l'outillage ennemi; il soutient les efforts de nos hommes, et rend notre front inviolable.

Je me suis promis d'exclure de cette causerie tout élément technique; il faut cependant que j'admette ici quelques données numériques, qui seules permettent de préciser l'effort considérable de la France, au point de vue du matériel de guerre.

Pour 100 mitrailleuses en 1914, notre infanterie en possédait 9.000 en 1916.

Pour 100 obus, mis à sa disposition en 1914 notre artillerie pouvait en tirer 3.000 dès 1916.

Depuis lors, nos ressources n'ont cessé de croître; les chiffres suivants, qui ne sont pas les plus récents (car il importe que nous conservions secrets les résultats derniers auxquels nous sommes parvenus) nous le montreront.

Au début de la guerre, nous produisions 13.000 obus de 75 par jour. En juin 1917, nous en fabriquions 250.000 par jour, et nous fabriquions en sus 100.000 obus lourds.

**

Les personnes qui n'ont point assisté à une action, sur le front occidental, ne peuvent s'imaginer au milieu de quelle effroyable tempête de feu, de fer et de fumée se battent nos hommes. C'est une vision — et une audition — infernales, d'un vacarme, d'une fulguration, tels qu'aucun peintre n'en saurait donner l'impression par la plume ou le pinceau. Songez que, dans les offensives actuelles, les canons formeraient, s'ils étaient rangés les uns à côté des autres, une ligne pleine, ininterrompue, sur un front de plusieurs kilomètres; songez que dans la récente et glorieuse attaque de la Malmaison, les canonniers étaient plus nombreux que les fantassins; songez que chaque *mètre courant* de tranchée allemande reçoit en moyenne 1.500 kilos de projectiles : 200 kilos lancés par les engins de tranchée, les plus proches des lignes ennemies; 450 kilos envoyés par nos 75, adossés en quelque sorte aux positions d'infanterie; 700 kilos expédiés par l'artillerie lourde, placée à 6 ou 8 kilomètres de nos avant-postes; 150 kilos projetés par l'artillerie à grande puissance, disséminée en arrière du champ de bataille, jusque sur les voies ferrées.

Sous cette effroyable rafale de fer, les tranchées sont pulvérisées; les fils de fer broyés, enterrés, au point qu'on n'en retrouve plus trace; les défenseurs sont tués et l'assaillant n'a d'adversaires que ceux dont la vie a été préservée par des tunnels, des carrières souterraines ou ceux qu'amènent les contre-attaques. Le pire danger, pour lui, c'est le bombardement adverse.

*
* *

La dépense d'obus, nécessairement très faible aux débuts de la guerre de tranchée, atteint maintenant 6 à 7 millions de coups par mois. Dans une grande offensive, prolongée durant plusieurs semaines, la consommation de projectiles de tous calibres atteint le double de ce chiffre.

Ne crions point à l'abus. L'ennemi nous combat depuis quarante mois avec un matériel colossal : il faut le vaincre par ses propres armes, refouler sinon anéantir l'envahisseur par un formidable outillage d'écrasement,

Ajoutons d'ailleurs que nos pertes en vies humaines ont diminué, depuis que nous recourons sans compter aux obus. Les statistiques de l'armée le montrent de façon péremptoire.

Et je ne vous entretiens ici que d'une fraction du matériel de guerre créé par la France depuis trois ans et demi. Je ne vous parle point des millions d'armes, fusils Lebel, fusils-mitrailleurs, armes blanches, pistolets automatiques, tromblons, canons de 37, fabriqués pour l'infanterie, des stocks énormes de munitions produits, des casques métalliques, des masques contre les gaz, non plus que de toute la chimie de guerre, dont la création, le développement et le rendement ont été merveilleux.

Vous savez tous que, pour obtenir ces résultats inespérés, les femmes de France sont venues aider, dans les usines, les ouvriers trop peu nombreux. Grâce à elles, c'est par centaines de milliers que les fabrications de guerre occupent désormais des travailleurs.

*
* *

Enfin· comment ne point signaler brièvement les envois de matériel, que, généreusement, la France n'a cessé de faire à ses alliés, depuis le début de 1915 ?

Notre pays a ravitaillé, de manière continue, l'infanterie, l'artillerie et l'aviation de la Russie : fusils, par centaines de milliers, mitrailleuses, fusils-mitrailleurs, pistolets automatiques, canons de toute sorte (90, lourds, gros mortiers, anti-aériens) par milliers, munitions par stocks.

A diverses époques, l'ensemble du matériel de guerre fabriqué en France et expédié en Russie représentait, *mensuellement*, en poids plus de 16 millions de kilogrammes et en volume plus de 20.000 mètres cubes.

Voici longtemps, également, que la France donne son concours matériel à l'Italie. Elle lui a cédé un important

outillage d'aviation et un non moins important matériel
d'artillerie lourde, des centaines de mortiers ou canons de
tranchée; elle entretient l'approvisionnement en obus et en
bombes nécessaire à ces engins. Elle contribue maintenant
à la reconstitution de l'énorme matériel perdu sur l'Isonzo
et le Tagliamento. Enfin, elle n'a cessé d'exporter outre-
monts un gros tonnage de charbon, d'acier, d'aluminium,
de produits chimiques, en un mot de matières nécessaires
à la production de guerre.

Aux autres alliés, Serbie, Roumanie, la France a dis-
pensé toutes les sortes d'outillage militaire : armement,
équipements, munitions, téléphonie, télégraphie, projection
lumineuse, automobilisme, ambulance...

***

Un élément d'appréciation vous édifiera. Nul n'ignore
que ce sont les *canons lourds* dont la France manquait le
plus, jusqu'ici. Or, aux premiers mois de cette année, elle
en avait déjà cédé 800 aux armées alliées.

Quant aux *canons de campagne*, aux 75, dont vous savez
tous la qualité prééminente, la France n'en a pas seulement
doté l'Italie — qui a construit des 75 sur les plans du colonel Deport — elle en fabrique elle-même par centaines, et
l'on pourra dire bientôt par milliers, pour les nouvelles armées de l'Entente, *les armées américaines*.

***

Ce magnifique effort, d'autant plus méritoire qu'il repose,
dans une large mesure, sur l'invention de procédés, d'engins nouveaux, parfois même sur de véritables découvertes
scientifiques; ce magnifique effort se poursuit, se développe
chaque jour. C'est par lui que se trouvent soutenues l'armée

française, d'une part, les armées alliées, d'autre part. C'est par lui que l'effort militaire de la France finira par l'emporter sur la résistance des masses ennemies.

III: — L'EFFORT
D'ÉDUCATION ET D'ORGANISATION

Ainsi donc, la France a improvisé un énorme outillage de guerre, puisque telle était la condition **première de la victoire**. Mais vous pensez bien que tous ces engins de transport, de liaison, d'observation, de combat, si nombreux, si variés, nécessitent, pour être mis en œuvre, une armée de *spécialistes,* qui soient des combattants. Ce matériel implique une organisation hors de pair.

D'une part, en effet, il faut établir les propriétés, l'emploi tactique de chaque arme nouvelle, le mode d'utilisation de chaque appareil; d'autre part, il faut entraîner au maniement de ces engins, des hommes de tout âge et de toute condition, jeunes recrues, réservistes, récupérés, territoriaux, etc., qui, par suite de maladies, blessures, déplacements, changent constamment d'affectation. C'est une tâche singulièrement difficultueuse.

*⁎

Prenons un exemple très simple. Une compagnie d'infanterie comprenait autrefois deux cents hommes (environ), qui recevaient tous la même préparation, le même équipement, le même armement, et qui jouaient au feu le même rôle. A l'heure actuelle, il n'en est plus ainsi. Une compagnie d'infanterie est comparable au personnel d'une usine formé de maintes catégories d'ingénieurs, d'employés, d'ouvriers, — d'initiation, de tâche différentes.

Elle comprend 14 à 16 équipes de fusils-mitrailleurs,

composée chacune de un fusilier et deux pourvoyeurs, en mesure de fournir un feu de mousqueterie d'une rapidité et d'une intensité inconnues jusqu'ici. Elle possède 16 trombloniers et autant de pourvoyeurs, outillés pour projeter au loin des obus V. B. et faire ainsi, à 150 ou 200 mètres, un véritable tir de barrage. Elle compte quatre escouades de grenadiers, lanceurs et pourvoyeurs, porteurs de grenades et armés en outre, pour la plupart, du pistolet automatique. Elle dispose de signaleurs pour les communications optiques, de téléphonistes, d'observateurs exercés à faire des visées, à reporter leurs constatations sur des cartes, d'agents de liaison, de pionniers aptes à diriger les travaux, auxquels s'adjoignent les cuisiniers, brancardiers, infirmiers qui existaient naguère. Tous ces spécialistes, une fois prélevés et d'autres encore, détachés à l'Etat-Major du bataillon ou du régiment, il ne reste qu'une poignée d'hommes semblables aux fantassins d'avant-guerre : on les appelle les voltigeurs.

Il en résulte que même un modeste chef de section — officier ou sous-officier — doit acquérir, pour être en mesure de diriger ses hommes en toutes circonstances, des connaissances très étendues et très variées : ces notions, le Commandement les a fait résumer, au cours de cette guerre, en un livre fort bien fait, fort clair, mais qui ne compte pas moins de 500 pages de texte serré.

*
* *

Vous voyez qu'une Compagnie est devenue, en ces rudes années, un assemblage, dont la mise au point, le fonctionnement exigent un chef expérimenté. Le bataillon, le régiment comprennent des rouages bien plus nombreux encore, presque tous complètement ignorés avant 1914 : compagnies de mitrailleuses, sections de canons de 37, section de bombardiers, section de pionniers, service de liaison, service de renseignements, etc.

Les grandes unités, divisions, corps d'armée, sont de composition extrêmement complexe. Elles disposent d'un outillage *absolument insoupçonné il y a trois ans.* Qui donc songeait alors à la création d'avions d'infanterie, communiquant sur le champ de bataille avec les troupes d'assaut, d'une part, avec le commandement, d'autre part ? Qui donc prévoyait la possibilité de nombreuses émissions simultanées, faites de ces avions, par télégraphie sans fil, et recueillies chacune par le poste auquel elle est destinée ? Qui donc s'imaginait que nos combattants pourraient envoyer, sous le feu, des comptes rendus à l'arrière, grâce à cet étonnant procédé, la télégraphie par le sol ?

Par ce rapide aperçu, vous entrevoyez, sans qu'il soit nécessaire de les décrire, la multiplicité des services techniques qui escortent un corps d'armée ou une armée.

* *

Voyez, par exemple, ce que sont les approches de Verdun, où siège la deuxième armée. A Bar-le-Duc, c'est-à-dire à une soixantaine de kilomètres de la célèbre place forte, vous quittez la grande voie ferrée, pour prendre une petite ligne meusienne. Peu à peu, vous sortez de la zone civilisée, villages habités, où les bombes d'avions ont seules exercé des ravages, champs cultivés, fertiles, et vous avancez sur un vaste plateau ondulé, d'aspect inculte. Je ne sais quelle mélancolie se dégage de ces récoltes abandonnées sur pied, depuis de longues saisons, envahies, étouffées par les herbes. Seules ressortent dans cette brousse, des routes et des voies ferrées, la plupart toutes neuves. De distance en distance, échelonnés le long du rail, se dressent des baraquements : ce sont de petites — ou de grandes — cités militaires : gares, cantonnements, quartier général, hôpital, parc du génie, parc d'automobiles, parc de munitions, parc d'aviation, dépôt de matériel, etc... Sur les collines incultes se distinguent des hangars d'escadrilles. A la lisière des bois se dissimulent des batteries au repos. Les voies ferrées se font plus nombreuses vers le front; des trains y circulent chargés de fourrages, de vivres, d'obus. Parfois passent un convoi de permissionnaires, un train sanitaire, ou des files de 50 wagons transportant un bataillon vers l'avant. Vous croyez être dans je ne sais quelle contrée dévastée, qu'il faut à nouveau conquérir à la civilisation contre les forces hostiles. Vous contemplez, concrétisé sous vos yeux, l'effort organisateur de l'armée, qui jette des voies ferrées, comme autant de tentacules, pour prendre possession du sol, qui édifie des campements, pour faire rayonner son action, qui pousse en avant un vaste réseau d'approche par lequel arrive incessamment toute la sève de la nation, son blé, son outillage, ses obus, ses hommes.

**
*

Mais bientôt apparaissent, de plus en plus fréquents, de plus en plus étendus, des champs recouverts de petites croix: ce sont les cimetières de Verdun, témoins irrécusables du grand drame sanglant qui se déroula sur les rives de la Meuse.

**
*

Je ne vous décrirai pas les zones diverses, qui suivent celle du chemin de fer, la zone des réserves, la première ligne, au sol ravagé, sillonné par de longs boyaux et toujours sonore du grondement du canon. J'ai voulu simplement vous faire entrevoir le grand organisme qu'est une armée au repos.

**
*

S'agit-il de porter au combat toutes ces forces ? Ce ne peut être qu'au moyen de méthodes très sûres, très strictement suivies. Il faut une série d'ordres d'opérations, inspirés des mêmes principes, pour régler l'intervention des différents services, pour déterminer la nature et la durée de l'action de chaque arme.

Du général en chef au capitaine et au modeste chef de section, chaque commandant d'unité établit un plan d'engagement, où est fixé, avec précision, le jeu de chacun des rouages, de chacune des équipes de combattants placés sous ses ordres. Des exercices ont lieu reproduisant le mieux possible les phases et les péripéties de l'action projetée, d'après le tracé des ouvrages ennemis et le relief du terrain. La préparation d'un combat est chose infiniment minutieuse. L'étude préalable d'une offensive comme celle de la Malmaison, l'entraînement spécial auquel furent préalablement soumises les troupes, forment, en ce genre, un chef-d'œuvre. Résultat : pertes minimes, gain considérable.

Songez, par exemple, que nos lignes d'assaut s'avancent maintenant précédées d'un feu roulant de notre artillerie. Nos batteries allongent leur tir, à une cadence convenue, par bonds de 50 mètres, de manière à ce que les projectiles éclatent à une distance sensiblement uniforme de la troupe. Quelle précision ne faut-il pas dans les conventions, dans les horaires, pour que le rideau d'obus s'avance à la même allure que l'infanterie et la précède toujours d'une centaine de mètres !

*
* *

Je m'excuse de ces développements, qui ne décrivent cependant qu'une part bien restreinte de l'organisation, des méthodes de notre armée. Mais il m'a semblé utile de les exposer, pour montrer que si la France avait fabriqué, pendant la guerre, un formidable matériel de destruction, elle avait aussi, pendant les mêmes terribles années, créé une organisation et des méthodes de combat hautement remarquables.

*
* *

Elle y est parvenue, grâce, évidemment, à ses traditions militaires, aux enseignements de ses hautes écoles, mais grâce aussi à ses facultés d'observation et d'assimilation, à son aptitude créatrice. Car, je le répète, notre organisation, nos procédés de combat, comme la majeure partie de notre outillage, datent de cette guerre elle-même. Ils sont l'œuvre de nos officiers de troupe, qui les ont imaginés et consignés dans leurs rapports; de nos officiers d'Etat-Major, qui les ont critiqués et systématisés; de notre haut commandement, qui les a fixés. Ils ont été répandus par les centres d'instruction institués dans chaque armée pour les officiers et pour tous les spécialistes du rang. Ils assurent à notre armée, constamment renouvelée par suite des pertes, des départs et de l'arrivée des jeunes classes, forte néanmoins d'un million d'hommes de plus qu'au début de la guerre, ils assurent à tous ses éléments — active, réserve, territoriale — une unité de composition et de tactique, une cohésion, une force et une foi sans égales.

* * *

Vous concevez maintenant pourquoi cette armée française a acquis un grand prestige de par le monde et pourquoi, très rapidement, les armées alliées ont songé à lui emprunter des organisateurs, des instructeurs, des techniciens. C'est qu'au prix d'un admirable effort elle s'est assuré à elle-même un armement perfectionné, une éducation technique approfondie, une méthode de combat dont maints succès ont prouvé la sûreté.

Très tôt, *l'armée russe* nous a demandé des spécialistes de tout ordre et de tous grades; canonniers, aviateurs, automobilistes, ingénieurs, etc...

Nous avons dû, naturellement, seconder, renforcer *l'armée belge*, décimée, disloquée par la mémorable campagne d'août 1914 pour la sauvegarde de la neutralité belge.

Ce sont des officiers français qui ont reconstruit de

fond en comble *l'armée serbe*, détruite, en l'automne 1915, par les troupes compactes et la puissante artillerie du maréchal Mackensen. On sait quelle belle revanche l'armée du Roi Pierre, ainsi refaite, a obtenue depuis à Monastir.

L'armée anglaise a utilisé de même, lors de son extension, bien des concours français, notamment dans l'artillerie. Mais elle est rapidement devenue un modèle d'organisation. Et nous saluons tous en elle l'une des plus vaillantes et des plus puissantes, l'une des plus glorieuses armées du monde.

Après sa défaite de l'automne 1916, *l'armée roumaine* était presque inexistante : c'est le général Berthelot qui, avec l'aide de nombreux officiers français, l'a réorganisée, instruite, outillée. Et l'on sait quelle belle revanche cette armée aussi a prise, l'été dernier; elle a fait reculer l'armée du maréchal Mackensen, qui prétendait envahir la Bessarabie.

Le grand homme d'Etat Venizelos a uni la Grèce aux nations démocratiques qui défendent, contre l'impérialisme allemand, la liberté du monde. Aussitôt, il a appelé des officiers français pour constituer la nouvelle *armée hellène*. Trois divisions grecques figurent déjà dans l'armée du général Sarrail. Nul doute que les troupes vénizelistes ne jouent bientôt un rôle aussi utile qu'honorable dans la campagne balkanique.

Les *Italiens* sont rejetés en deçà de l'Isonzo, en deçà du Tagliamento, en deçà du Piave. Aussitôt, sur leur invitation, un grand général français (et ses officiers d'Etat-Major) le général Foch, — puis le général Fayolle --- va aider de sa haute compétence et de sa haute expérience les généraux italiens.

A l'appel du noble Président Wilson, l'Union américaine entre dans le grand combat contre les autocraties sanguinaires. Pour composer ses futures armées, elle lève des centaines de milliers de jeunes hommes. Elle a besoin de former des milliers d'officiers. A qui s'adresse-t-elle, de préférence, pour obtenir des instructeurs ? A la France. Nous avons, aux *Etats-Unis,* une nombreuse mission d'officiers chargés d'aider à l'organisation et à l'éducation des nouvelles armées américaines.

Partout où surgit une force, alliée ou amie, Brésil, légion polonaise, légion arabe, etc , on demande et on obtient le concours d'officiers français

A l'heure présente, c'est par centaines que l'armée française a détaché des instructeurs, des techniciens, des officiers d'Etat-Major, des tacticiens, etc., auprès des armées étrangères. Et je ne parle ici que de ceux qui ont rang d'officiers. Si nous y ajoutons les spécialistes de l'aviation, de l'artillerie, du génie, de l'automobile, des services télégraphiques, qui sont hommes de troupe, et ont été prêtés en quelque sorte aux armées alliées et amies, il convient de compter par milliers.

*
* *

Ainsi, le merveilleux effort d'éducation et d'organisation que la nation armée a fait, en France, depuis quarante mois, a débordé nos frontières. Partout les Français sont considérés comme des maîtres en l'art de former, équiper, outiller, encadrer, instruire, conduire une armée. Partout on recourt à leur science et à leur méthode. Si nos alliés anglais sont les grands marins de l'Entente, les Français en sont, sur terre, les grands instructeurs militaires et les grands tacticiens.

IV. — L'EFFORT MORAL

Création d'un puissant matériel de guerre, organisation d'une armée adaptée aux exigences actuelles du combat, forte éducation donnée à tous les techniciens, à tous les spécialistes qui forment nos troupes, ce sont là vraiment les conditions du succès. Mais les chefs d'armée sont unanimes à le déclarer, il faut un autre effort pour obtenir ce succès, un effort qui seul confère la supériorité dans cette longue et terrible guerre : l'effort moral des combattants eux-mêmes.

*
* *

Cet effort moral, qu'est-il au juste, et comment le définir ? C'est, au fond, et sous le vêtement, sous les couleurs militaires, *l'aptitude au sacrifice*, au sacrifice le plus cruel et le plus douloureux — et non point en une circonstance unique, à un instant décisif de l'existence, mais renouvelé chaque jour, pendant des mois, pendant des années. Cette aptitude se manifeste le plus souvent par un sang-froid, une impassibilité stoïques, en présence des éventualités les plus terribles qui puissent atteindre l'homme.

*
* *

Une telle acceptation de privations, de rigueurs sans égales suppose, ou bien des âmes surhumaines, pénétrées du plus haut mysticisme, pour lesquelles comptent seules les grandes idées qui conduisent la France et, j'ose dire, l'humanité; ou bien tout simplement une race droite et forte, habituée depuis des siècles à faire face au danger, qui se batte et qui meure, par ordre, sans beaucoup réfléchir, avec une simplicité parfaite.

Les officiers qui se trouvèrent engagés soudain, dès les premières semaines de la guerre, dans des actions meurtrières, furent aussitôt fixés. D'instinct, leurs soldats allaient de l'avant, résistaient, luttaient héroïquement, comme s'ils n'avaient fait autre chose de leur vie, ou plus exactement, comme si leur activité normale était de se battre. « Bon sang ne peut mentir », déclare un vieil adage. Les paysans, les citadins, les ouvriers de 1914 se révélaient spontanément les dignes fils des soldats de Louis XIV, de la Révolution et de l'Empire, de ces gardes françaises et de ces grognards qui promenèrent par le monde, en répandant leur sang pour la défense des nobles causes, le drapeau fleurdelisé, puis le glorieux drapeau tricolore.

****

Nos hommes ne méditent pas sur la grandeur de leur sacrifice. Ils donnent leur vie sans arrière-pensée, puisque tel est l'ordre. Et, je ne saurais assez le dire, ils meurent sans cris, sans phrases, comme s'ils accomplissaient une action coutumière. Dès le début de la guerre, nous vîmes mourir ainsi, aux avant-postes, un brave territorial, âgé, marié, père de famille, auquel une bombe ennemie avait brisé les cuisses. Il ne broncha pas, il demanda qu'on lui mît sa pipe aux lèvres; en quelques mots, il recommanda à ses camarades ceux qu'il laissait au pays. Et, au poste même où il avait été atteint, il rendit l'âme, avec une simplicité antique.

Depuis lors, combien les survivants de la guerre en ont-ils vu de ces morts de soldat, d'un calme jusque dans l'acte suprême, d'une modestie impressionnante. En présence d'un tel courage résigné, impassible, une réflexion, toujours la même, vient à la pensée : ces hommes se comportent ainsi sans avoir à se faire violence à eux-mêmes, tout naturellement, parce qu'ils sont, je le répète, d'une race forte et droite.

****

La plupart d'entre eux sont des paysans qu'une vocation héréditaire a entraînés aux plus durs travaux, gens d'une solidité, d'une pondération hors de pair, pourvus de muscles plutôt que de nerfs. Très vite, ils sont habitués aux plus redoutables périls et dès lors rien ne les trouble. Ce sont de parfaits soldats. J'ai vu à diverses reprises, pendant des bombardements d'extrême violence, des abris de guetteurs

culbutés par un obus, et l'homme qui épiait là, afin de prévenir en cas d'avance de l'ennemi, se relever des décombres
et reprendre sa faction, imperturbable sous les rafales d'acier.
Combien de sentinelles, assaillies par une patrouille ennemie, escaladent le parapet, sortent de la tranchée, pour
mieux voir, épaulent et abattent leur Boche !

Vous savez tous que ces braves gens traversent sans hésiter
les zones bombardées, dès qu'il s'agit d'apporter à leurs
camarades la soupe ou le « pinard ». C'est là, à leurs yeux,
comme un rite qui exige une stricte ponctualité et auquel
rien ne saurait mettre obstacle.

Tous les officiers vous diront le dévouement sans limite
de ces ordonnances, que leurs camarades ont tendance à con-
sidérer comme des privilégiés. Il n'est point unique le cas de
ce soldat qui, parti au courrier, n'attendait point la fin d'un
bombardement pour rapporter sous les obus à son officier,
quoi donc ? le journal.

* *
*

Ce sont là de bien petits faits, mais significatifs. C'est de
la répétition d'incidents de ce genre, où ils montrent de
mille manières leur présence d'esprit dans le danger, qu'est
faite aux tranchées la vie des soldats. Pourquoi dramatiser,
quand la réalité est à la fois si simple et si réconfortante ?
Ai-je besoin de vous dire le dévouement de nos hommes
les uns aux autres, et combien souvent ils risquent leur vie
pour ramener un camarade ? Vous citerai-je le cas — cer-
tainement pas unique — de ces brancardiers, de braves territoriaux encore, qui portaient, sur un brancard, un grand
blessé; des fusants les suivaient dans leur marche, criblant
d'éclats la piste, trop en vue. Quand éclatait la salve, ils
posaient promptement le blessé et s'étendaient sur lui, pour
former un bouclier vivant : admirable exemple de cette
bonté naturelle, si fréquente chez nos soldats !

*
* *

Ces mêmes hommes tiennent la tranchée par toutes les saisons, sous toutes les intempéries, sous la menace de tous les périls. Ils n'ont point la perspective de distinctions ou d'une carrière brillantes. Car il n'y a pas de galons, il n'y a pas même de Croix de guerre pour tous. Je sais des sergents, des caporaux, de simples soldats qui se sont prodigués devant l'ennemi depuis des mois, depuis des années, et qui n'ont jamais eu d'autre récompense que l'estime profonde de leurs chefs.

Songez à ce que représente de résistance morale et physique cette permanence à la tranchée, sous la pluie, le brouillard, le froid, quand il est impossible de faire du feu, de se sécher, de se réchauffer le jour, sous peine de violent bombardement; quand il faut sans cesse relever les terres des boyaux, des abris, qui, saturés d'eau, s'écroulent; quand il faut, la nuit, veiller durant de longues heures, ou faire des patrouilles à travers des terrains inondés ou glacés, jusqu'aux fils de fer boches ! Aucune diversion, si ce n'est la lettre précieuse, qui apporte les nouvelles de la femme, des enfants laissés au loin. Aucune perspective, si ce n'est celle de la permission, si rare, ou d'une mort soudaine. La fatigue, la privation, le péril, toujours !

Et il est des périodes de bombardements continuels, pendant lesquels les explosifs de cinquante et cent kilos éclatent à tout instant aux alentours des postes, faisant trembler le sol à un demi-kilomètre à la ronde. Et il est des saisons, durant lesquelles, du fait de la réduction des effectifs, des pertes soudaines, les hommes sont condamnés à un surmenage exténuant. J'en sais qui, passant leur troisième hiver aux tranchées, comptaient, chaque vingt-quatre heures, une demi-nuit, parfois la nuit entière de garde: le froid atteignait 8, 12, 16 degrés, et ils restaient immobiles !

Quel est l'officier qui n'a point eu l'impression, à certaines heures, de demander trop aux hommes, de leur demander un effort excessif ? Il le demande néanmoins, parce que tout doit être subordonné aux exigences de la défense. Et ses hommes ne le refusent pas, parce qu'ils sentent, plutôt qu'ils ne se l'expliquent, que l'abnégation est la loi de la guerre.

**

Les plus à plaindre sont ces malheureux soldats des régions envahies, qui, depuis quarante mois, se demandent anxieusement, durant cette monotone et dure vie du front, ce que sont devenus leurs femmes, leurs enfants ! Conçoit-on quelle doit être leur haine pour l'envahisseur, dont le plus grand crime est, certes, d'avoir délibérément voulu piller, ravager un pays laborieux, résolument pacifique !

**

Cette endurance de nos hommes, cette acceptation constante des privations, des souffrances les plus dures, vous explique que, nulle part, malgré les surprises, malgré des coups et des pertes cruels, notre front, depuis trois ans, n'ait fléchi.

Dans les troupes âgées, il ne reste guère, disais-je, que des paysans, les ouvriers ayant été rappelés aux usines. Quelle gratitude notre nation ne devra-t-elle point avoir pour ces campagnards, obstinés dans leur héroïque besogne ! A toute époque, la race paysanne forma la plus grande réserve de la France, réserve de forces, de travail, d'épargne, de sagesse. Dans toutes les grandes crises historiques, extérieures ou intérieures, c'est cette race paysanne qui rétablit l'équilibre, qui sauva le pays. Puisse-t-elle n'être pas trop décimée par cette guerre, se reconstituer, et faire dominer dans les affaires publiques son loyalisme et son bon sens !

**

Mais toutes les classes se comportent de la manière la

plus méritoire. Les moins héroïques ne sont pas ces jeunes citadins, élevés dans le confort par des mères trop tendres, qui, jetés dans la fournaise, y manifestent un souverain mépris du danger.

****

Car il faut noter une dissemblance très marquée, entre le courage des troupes âgées et l'élan, la témérité des jeunes. Il n'est pas rare, dans la territoriale, que l'on ne trouve point de volontaires pour les missions dangereuses. Crainte du péril ? Non pas; mais sentiment que l'on ne peut disposer de soi-même, quand on a le devoir d'assurer l'avenir d'une femme et d'enfants. Ces mêmes hommes, désignés par leur chef, se conduisent admirablement. J'en ai entendu remercier leur officier de semblable désignation: « Mon lieutenant, je n'ai pas demandé à aller là-bas (tenter un coup de main), parce que je n'en ai pas le droit, j'ai femme et enfants. Mais si vous ne m'aviez pas désigné, j'aurais été bien fâché. Je suis content de vous accompagner. Et je vous remercie. » Ce ne sont point là des récits amplifiés, ce sont des traits fort simples, mais des traits vécus.

****

Les jeunes soldats ont moins d'impassibilité, peut-être, sous les bombardements; mais que d'élan, que de fougue, quand il faut en découdre. Le combat d'aujourd'hui se déroule, comme je le disais, au milieu d'explosions effroyables; il accumule devant les vagues d'assaut les plus atroces obstacles : jets de liquides enflammés, jets d'acide sulfurique, gaz asphyxiants, rideau d'acier projeté par les mitrailleuses... Tout homme qui s'y engage sait qu'il a maintes chances de recevoir quelque blessure affreuse ou de n'en point revenir. Et cependant, avec quelle témérité, quelle furie bien française, nos fantassins ne s'y jettent-ils pas !

Le prix de la victoire n'est plus, comme autrefois, l'ivresse de la poursuite : c'est la lugubre réalité du bombardement, subi dans les entonnoirs creusés par les obus, sans moyens de secours en cas de blessure, parfois sans ravitaillement.

Et cependant, quelques jours, quelques semaines après, vous rencontrez les survivants tout transformés, à l'arrière, au repos. Grâce à cette merveilleuse faculté des enfants et des jeunes gens — l'oubli — ils ne songent plus au tragique effroyable des spectacles, des scènes de la veille. Ils ne pensent pas au péril du lendemain. Insouciants, ils ne manifestent que la joie de vivre. Ils sont heureux.

Bien qu'ils aient, sur le visage, comme une ombre de gravité précoce, peut-être vous diraient-ils: il est beau de se battre à vingt ans.

** **

Mais je ne veux pas m'appesantir sur les tristesses et les horreurs de la guerre contemporaine; je ne les rappelle que pour vous montrer le stoïcisme de nos troupes. Jeunes ou âgées, qu'elles appartiennent à l'infanterie, martyre de cette guerre, ou à l'artillerie impassible sous les concentrations de feux ennemis; ou à l'aviation, qui brave dans le ciel les morts les plus affreuses, nos troupes sont égales aux plus effroyables épreuves. Elles meurent, mais ne faiblissent point.

Ce sang-froid, que rien au monde ne déconcerte, cette volonté décisive, cet élan juvénile, font des Français les plus redoutables ennemis. Sur tous les champs de bataille, leur présence apparaît comme le gage de la victoire.

Aussi, que voyons-nous ? Nos alliés, les Belges, les Russes, les Serbes, les Roumains, les Grecs, les Italiens, demander la présence, en leurs armées, de cette garde invincible, des troupes françaises.

Les vainqueurs de Champagne, les vainqueurs de la Somme, les vainqueurs de Verdun, Verdun, qui apparaît comme l'apogée, le paroxysme de l'héroïsme français, car notre armée se battit, là, sans artillerie suffisamment puissante, contre le plus colossal matériel de destruction, contre la plus furieuse ruée germanique; ces vainqueurs, dis-je, ont versé leur sang, cet été, près de leurs frères roumains, sur le front du Sereth. Ce sont eux, c'est l'armée Sarrail, qui préservent de l'invasion la nation hellénique et qui sauvegardent pour l'avenir la liberté des peuples balkaniques. Ils se sont battus aux côtés des Russes. Ils se battent maintenant en Palestine, à côté de leurs frères anglais.

Car s'il est une fraternité d'armes qui se soit manifestée avec force et avec éclat, pendant cette guerre, n'est-ce point celle qui nous unit, les Anglais et nous ! L'armée britannique, renforcée par ces splendides contingents canadiens, australiens, sud-africains et coloniaux, a entrepris, en Flandre, la plus terrible campagne. Grâce à sa ténacité, à sa bravoure légendaires, elle la mène victorieusement. Quelques divisions françaises la secondent, témoins de ses exploits, associées de sa gloire.

C'est de concert avec nos fidèles alliés, les Anglais, que nous avons été en Orient; c'est de concert avec eux que nous nous rendons aujourd'hui en Italie. Anglais et Français refoulent les impériaux sur l'Yser et les arrêtent en avant de l'Adige. Grâce à leur concours, l'Italie se ressaisit, et, de nouveau, fait face courageusement au Boche.

Ainsi, partout où la coalition germanique reçoit des coups, plus ou moins durs, plus ou moins décisifs, les Français, en ennemis qui ne pardonnent pas, en soldats invincibles, sont là pour les asséner ou pour les rendre plus meurtriers. Partout où l'on se bat, les Français sont présents.

*
* *

Est-il excessif de dire qu'après quarante mois de guerre, cette valeur des soldats français leur a acquis à jamais l'admiration des peuples librés ? Que le Français vit en Flandre, dans l'Aisne, à Verdun, en Vénétie, sur le Sereth, dans les Balkans, et jusqu'en Palestine, une épopée plus grande que l'épopée impériale, parce que fondée sur le sacrifice et conduisant à l'indépendance des peuples ?

V. — LA LEÇON DES FAITS

Je tiens, en terminant, à m'excuser près de vous, de vous avoir entretenus, avec si peu de compétence et tant de lacunes, de l'effort militaire de la France.

Cet effort est, en effet, beaucoup plus étendu, beaucoup plus puissant que je ne vous l'ai indiqué.

Dans la fabrication du matériel, il a été consenti des sacrifices volontaires de savants, d'ingénieurs, d'ouvriers — mutilés ou tués par des expériences ou applications dangereuses — tout à fait dignes de notre admiration. Qu'il s'agisse de gaz asphyxiants, de moteurs d'aviation, de chars d'assaut, songez à combien d'essais empiriques, téméraires, il a fallu, il faut encore procéder, pour devancer les progrès de la science, brûler les étapes et aboutir.

Dans l'œuvre d'organisation de l'armée, que de travaux effectués, de problèmes résolus, dont je n'ai point fait mention dans cette causerie. Songez aux difficultés de cette transformation d'une population paisible en armée innombrable de combattants. Songez à l'éducation militaire donnée aux centaines de milliers d'indigènes recrutés dans notre empire colonial. Songez au ravitaillement considérable qu'exige une telle masse d'hommes, accumulée au front. Songez à l'énormité des transports nécessaires à la seule armée d'Orient. Et quels essais meurtriers, quelle somme de réflexion, de volonté, n'a-t-il point fallu pour mettre au point, jusque dans le détail, nos nouvelles méthodes de combat !

Enfin, que de développements, de considérations ne faudrait-il pas pour donner une image complète de l'héroïsme de nos troupes et des formes multiples que revêt chez les combattants, du soldat le plus humble aux grands chefs, aux chefs d'armée, cette haute vertu: la grandeur d'âme !

*　*

C'est ainsi que j'ai passé sous silence les exploits réalisés par notre marine, aux côtés de la glorieuse marine britannique, les actes de courage accomplis chaque jour à bord des vaisseaux de guerre, navires de commerce, patrouilleurs, chalutiers, barques de pêche, dans tous ces bateaux qui montent la garde autour de la France et veillent sur la sûreté des communications des nations alliées et amies.

Enfin, comment ne pas rendre hommage, d'une part, à l'admirable vaillance des Françaises qui se sont aventurées jusque près des premières lignes pour soigner nos blessés; d'autre part, à la fière tenue des villes, des campagnes françaises, bombardées par les avions ennemis. En continuant à vaquer à leurs occupations, sous la menace constante, les hommes, les femmes, les enfants mêmes, se montrent les émules de nos Poilus des tranchées.

Quelle leçon dégager de ce spectacle magnifique, offert par l'héroïsme français ? Cette leçon, si je puis dire, est claire.

*　*

De tels exemples ne commandent pas seulement l'admiration et la gratitude, ils commandent surtout l'acceptation des privations, la résistance. Car, comment ne point chercher à prendre sa part des épreuves, subies par tant de Français héroïques ? Comment ne pas tenir, quand les combattants conservent leur fermeté stoïque ? Une grande leçon de persévérance, d'abnégation : voilà ce que nous donne, par sa conduite, l'armée française.

Et qu'inférons-nous de cette admirable expansion militaire, réalisée sous la menace des colossales armées germaniques, dans un pays privé, par l'invasion, des trois quarts de ses ressources matérielles ? C'est que, une fois encore, la France a montré qu'elle n'est jamais plus proche du sommet, que lorsqu'elle paraît penchée sur l'abîme. Songez à Jeanne d'Arc et à Henri IV; songez à Denain, à Valmy, à la campagne d'Italie, à la campagne de France: le « miracle français » se renouvelle de siècle en siècle; toujours notre nation se relève du sang et des ruines, plus vaillante et plus grande.

**

Il en sera de même, à l'issue de cette crise, la plus effroyable peut-être que le monde ait vue, crise qui met aux prises une vingtaine de nations et quinze à vingt millions de combattants. Depuis quarante mois, la France a supporté le plus dur de cette guerre. Par son invincibilité, qui impose le respect à ses ennemis mêmes, elle est assurée de réobtenir tous ses départements envahis, soit en 1870-71, soit en 1914 et ainsi l'indépendance dans l'intégrité.

C'est pourquoi nous devons tous répondre à ses appels, tous lui apporter notre concours le plus entier — *ainsi, en souscrivant à l'Emprunt.*

Nous devons faire en sorte que jamais des considérations financières n'arrêtent la France dans son admirable, sa victorieuse résistance.

Les exploits de ses héros, sa fermeté à soutenir la cause des peuples libres, ont acquis à notre patrie des sympathies, un prestige, durables autant qu'unanimes. Elle sera donc aidée, dans la paix comme dans la guerre, et obtiendra un prompt relèvement.

Ainsi, cette conclusion nous est imposée par les faits : l'effort militaire français a été et demeure d'une ampleur et d'une puissance, d'une valeur morale telles, qu'il est assuré de l'emporter. Par lui, la France connaîtra une carrière nouvelle, carrière pacifique, plus glorieuse et plus heureuse que celle qu'ont connue nos aînés.

L'APOGÉE

DE

L'EFFORT MILITAIRE FRANÇAIS

oo

(Mars à juillet 1918)

PREMIERE PARTIE

Devant le Péril.

I. — AU SEUIL DE 1918 : LA PUISSANCE DE L'ALLEMAGNE ET L'AFFAIBLISSEMENT DE L'ENTENTE. — LA RÉSOLUTION DE LA FRANCE.

Trois ans et demi d'épreuves, de sacrifices, d'efforts sans limite n'empêchèrent pas que la France ne fût, au début de 1918 — et l'Entente avec elle — dans une situation grave, et sous la menace du plus redoutable péril.

Vainement, de septembre 1914 à juillet 1917, l'armée française avait-elle fixé devant elle et contre elle la majeure partie des forces de l'Empire allemand (1) : quatre à cinq fois plus que les Britanniques, deux fois plus que les Russes; vainement avait-elle, au prix de luttes et de pertes sans égales, procuré à ses Alliés le temps d'organiser et d'engager des forces proportionnées à leur puissance, capables de vaincre l'ennemi, un événement désastreux anéantissait cette œuvre d'héroïque patience.

La Russie, le premier Etat auquel l'Allemagne avait déclaré la guerre (1ᵉʳ août 1914), se retirait de l'arène. Ces traités, que la France avait respectés en prenant les armes et s'exposant ainsi à la déclaration de guerre de l'Allemagne (3 août), étaient déchirés; l'aide multiple (techniciens, matériel, crédits), que notre pays prodiguait depuis plus de trois ans à son alliée, était méconnue; la cause sacrée de sauve-

---

(1) Joseph Bédier. *La Pression allemande sur le Front Français* *Revue de Paris*, 1ᵉʳ juillet 1918.

garde des petits peuples, de liberté de l'Europe était trahie. Meurtrie par la longue suite des combats, divisée par la propagande allemande, abusée par les folles promesses des Bolcheviks, la Russie était entraînée à la paix la plus honteuse que connaisse l'histoire, la paix de Brest-Litovsk (19 février 1918).

Ainsi, le front oriental s'effondrait; l'étau qui, depuis 1914, enserrait les Empires Centraux, était brisé; le blocus, rompu. D'une part, l'Entente perdait une armée de 2 à 3 millions de combattants, assurée de réserves inépuisables. D'autre part, l'Allemagne récupérait des ressources considérables, divisions, matériel, munitions, éventuellement même, 200.000 prisonniers. Elle s'appropriait en outre une proie énorme, l'ancien Empire des Tsars. Le gouvernement de Berlin recouvrait une liberté, une puissance d'action inespérée.

Cet événement survenait à une époque où les nations de l'Entente souffraient d'une crise des effectifs indéniable. La France semblait avoir épuisé les réserves viriles de l'arrière et ne pouvoir entretenir ses effectifs combattants qu'avec la classe nouvelle. La Grande-Bretagne, poursuivant sur les mers du monde son œuvre immense de défense contre les sous-marins allemands, de transport, de ravitaillement, n'osait appeler sous les armes de nouveaux contingents. Or, son armée avait été éprouvée par la longue et dure campagne des Flandres, et elle était tenue de réduire le nombre de ses bataillons de 12 à 9 par division. L'Italie était absorbée par la reconstitution de ses forces, gravement atteintes par le désastre de Caporetto (25 oct.-nov. 1917). La Roumanie, qui donnait à l'Entente, en Orient, une armée de valeur sûre, allait disparaître en tant que nation belligérante et libre (paix de Bucarest, 7 mai 1918). A l'instant même où elle devait obtenir, en aide de ses alliés, en sécurité, en chances de victoire, le prix de son labeur stoïque, la France était donc rejetée vers les plus grands périls.

C'est en ces moments historiques que se manifeste l'instinct national, plus pénétrant, plus prompt et plus décisif dans l'action, que les esprits même exercés à discerner et peser les éventualités. Car il ose seul faire largement état des impondérables : la force invincible de la patrie, l'irréductible supériorité d'une juste cause, la réprobation passionnée que le crime soulève au loin... Malgré quelques oppositions de parti, la nation venait d'appeler au pouvoir (16 novembre 1917) l'homme en qui elle avait confiance, parce qu'il représente le mieux sa manière de sentir et de réagir, ses caractéristiques de spontanéité, de décision, d'ardente foi nationale. Sous l'impulsion de ce chef, M. Georges Clemenceau, la France s'appliqua à porter au maximum ses forces de résistance.

Notre armée ne supportait point la comparaison numérique avec l'armée allemande. Mais à quel développement n'était-elle point parvenue ! Trois années et demie d'efforts assidus l'avaient pourvue d'un outillage complet. L'incessant accroissement de nos fabrications de guerre la dotait d'engins toujours plus puissants, de munitions plus abondantes. Un ensemble de mesures énergiques (maintien des vieilles classes au front, resserrement des services de l'arrière, prélèvement sur les auxiliaires, etc...) permettaient d'en maintenir l'effectif. Depuis plusieurs mois déjà, le commandement, prévoyant l'effondrement de la Russie — et craignant que la France n'eût à faire face au gros des forces impériales — pratiquait une politique militaire de stricte économie. Il n'accomplissait que des offensives à objectifs limités. Minutieusement choisies et préparées, facilitées par la concentration d'une puissante artillerie (telles la prise du Mort-Homme et de la Cote 304, 18 juillet, 20 août 1917; la prise du plateau de Californie, 19-24 juillet; la bataille de la Malmaison, 23 octobre), elles étaient d'un faible coût et nous donnaient de brillants succès, exaltant la confiance des troupes. Elles rendaient possible — par le raccourcissement du front — la réduction de nos garnisons de première ligne, l'augmentation de nos réserves, la fréquence des relèves. Elles nous procuraient des positions dominantes, permettant d'établir un front défensif d'une grande solidité L'organisation de ce front, l'aménagement de fortes positions d'arrêt firent l'objet, tout l'hiver, de travaux considérables. M. Clemenceau obtint des Chambres la levée momentanée, parmi les vieux travailleurs agricoles, de quelques dizaines de milliers d'hommes pour ces terrassements. Le gouvernement italien mit à sa disposition nombre de bataillons de pionniers. Le Cabinet prenait en même temps les mesures propres à donner satisfaction aux troupes (permissions, cantonnements, relèvement des soldes et indemnités, etc.). C'est un fait, que, grâce à cette politique vigoureuse, grâce à l'action remarquable du général Pétain, commandant en chef, l'armée française était, au début de 1918, au plus haut point d'organisation, de cohésion et de fermeté morale.

Avec une telle armée, la France ne serait-elle point en mesure de résister à la puissance du nombre et d'attendre le grand renfort américain ?

Car, au moment même où grandissait démesurément l'Empire allemand, s'affirmait la volonté de combattre de la démocratie américaine. Dès le 6 avril 1917, le gouvernement des Etats-Unis avait déclaré la guerre à l'Allemagne. Mais nos ennemis raillaient la vanité de cette démonstration : l'Union américaine ne possédant, d'après eux, ni armée véritable, ni aptitude à en former une, ni tonnage naval pour transporter des forces importantes à travers l'Océan. Les sous-marins allemands, au surplus, ne coupaient-ils point les routes maritimes entre le Nouveau et l'Ancien Monde ? La France n'ignorait pas les obstacles, opposés à la réalisation du dessein américain. Mais elle espérait en ce généreux élan qui entraînait l'Amérique dans la lutte pour la liberté, en la haute maîtrise du président Wilson, en le génie pratique des citoyens d'outre-mer. Aux premières semaines· de 1918, des troupes américaines se trouvaient en France, et d'autres continuaient à débarquer, toutefois en nombre fort limité.

Telle est la situation au seuil de l'année 1918, grosse d'éventualités dramatiques. La France considère le contraste entre la puissance numérique des armées impériales et la crise des effectifs de l'Entente; elle discerne l'étendue du péril; elle s'apprête à l'affronter.

En présence de la Russie défaillante, de l'Angleterre fidèle, mais hors d'état de faire davantage, elle accepte de supporter encore le poids accablant des masses germaniques: pour donner, à cette nouvelle venue, l'Union américaine, le temps de s'armer, le moyen de vaincre.

II. — LA RUEE DES MASSES GERMANIQUES. — L'ACTION DE NOS CHEFS ET DE NOS SOL-DATS EN PICARDIE, EN FLANDRE ET EN ·CHAMPAGNE (*mars-mai* 1918).

Cependant, l'Allemagne impériale s'estimait sûre d'un triomphe imminent. Elle procédait à une prodigieuse expansion, poussant des détachements en Finlande, dans les pays baltiques, en Russie Blanche, aux portes de la Moscovie, en Ukraine, dans le bassin du Donetz et du Don, en Crimée, envoyant des bandes ottomanes et des agents de propagande en Transcaucasie, en Perse, au Turkestan, jusqu'aux confins des Indes. En même temps, elle organisait, sur le front de France, la plus formidable invasion armée qui ait jamais été entreprise.

Durant les mois d'hiver, elle acheminait sans arrêt les renforts, les canons, les munitions, vers les plaines de Picardie et de Champagne. Elle procédait suivant une méthode rigoureuse : prélevant sur ses armées du front oriental les jeunes classes et les soldats spécialisés, mitrailleurs, bombardiers, grenadiers, canonniers, etc... et les soumettant à un entraînement intensif en Allemagne, avant de les utiliser en France. C'est un million d'hommes, ainsi choisis et réinstruits, qu'elle transféra du front oriental au front occidental. Même sélection appliquée à l'outillage. L'aviation, l'artillerie lourde et les batteries les meilleures de l'artillerie de campagne (avions par centaines, canons par milliers) furent transportées de Russie au front de France. Disposant ainsi, sur notre sol, d'effectifs considérables — une quarantaine de divisions de plus que les Alliés — en mesure de pratiquer des relèves fréquentes, le commandement ennemi put à son gré façonner à nouveau ses armées : enseigner à l'artillerie un mode d'emploi perfectionné des obus toxiques, exercer l'infanterie à d'habiles procédés de combat en rase campagne, renforcer les divisions par des détachements d'assaut, former même des divisions spéciales de choc, etc... Il développait à l'extrême la puissance de feu : multipliant les engins d'accompagnement, mitrailleuses lourdes et légères, canons de tranchée, obusiers légers.

Au printemps 1918, à ses armées ainsi accrues, outillées, entraînées, le commandement impérial annonça la grande, la mémorable curée : leur masse renverserait tout obstacle : après la Russie, la France serait leur proie, opulente et facile.

Ce fut la ruée du 21 mars : un million d'hommes fanatisés, bousculant la 5° armée britannique; Bapaume, Péronne, Montdidier, Noyon, conquis en quelques jours; 60 kilomètres de terrain en profondeur occupés, sur une largeur pareille; Amiens menacé, un nombre élevé de troupes, une grande quantité de matériel capturés. Coup terrible, mais qui ne permit pas cependant au général Ludendorff d'atteindre son but : séparer les armées britanniques et françaises. Au nord, la 3° armée anglaise, général Byng, avait, en effet, opposé à l'ennemi une résistance acharnée, lui infligeant de grosses pertes. Au sud, les Français s'étaient précipités au secours de leurs alliés, se battant à dix contre un, ralentissant, puis brisant l'élan des masses allemandes, s'étendant sur un front de combat de 80 kilomètres. Couvrant Amiens, défendant la route de Paris, maintenant la liaison avec les Britanniques, ils enlevaient ainsi l'enjeu de la bataille. Ce fut la décision de nos chefs et l'héroïsme de nos hommes qui sauvèrent la France et l'Entente.

L'armée anglaise était ébranlée par l'extraordinaire violence de ce premier choc; le général Ludendorff tenta de l'achever dans un terrible corps à corps: bataille d'Armentières et des Monts de Flandre (9 avril). Mais, là encore, il se heurta à des réserves françaises.

Aux journées tragiques (21-30 mars), M. Clemenceau avait agi. Sans cesse présent auprès des généraux, auprès des troupes, et tenant conseil avec le premier Ministre de Londres, M. Lloyd George, il avait obtenu de la clairvoyance britannique cette décision essentielle: la désignation du général Foch comme chef chargé de coordonner les mouvements des deux armées anglaise et française.

Ce grand stratège était mis à même, graduellement, de soumettre les forces alliées à une impulsion commune, d'établir entre elles une étroite cohésion, de réaliser l'unité de commandement.

Il commença par prêter aide aux Britanniques et envoya des divisions françaises au maréchal Douglas Haig. Après d'âpres combats autour des Monts de Flandre, la tentative de rupture des Allemands fut littéralement noyée dans le sang (30 avril).

Le général Ludendorff avait réussi néanmoins à atteindre gravement l'armée anglaise, à l'acculer à la mer. Il avait contraint les Alliés, insuffisamment pourvus d'unités de combat, à distendre leurs troupes sur un front allongé de

140 kilomètres (depuis le 21 mars) : dont une centaine de kilomètres confiés à nos soldats.

L'armée française n'avait secondé nos alliés et préservé les bases navales du corps expéditionnaire britannique qu'au prix d'un sérieux affaiblissement. Un cordon de troupes s'étendait sur les 500 kilomètres de notre ancien front, de l'Oise à la Suisse, soutenues par de maigres réserves.

Ce fut la cause essentielle de l'événement du 27 mai : les masses allemandes percent nos lignes, au Chemin des Dames, traversent l'Aisne, la Vesle, l'Ourcq, parviennent à Dormans-sur-Marne, à Château-Thierry, aux lisières de la forêt de Villers-Cotterets, à 70 kilomètres de Paris. Ruée foudroyante, qui, après quatre ans d'efforts, de combats inouïs, infligeait à la France et à sa capitale les mêmes suprêmes angoisses qu'en août 1914.

Le péril était aux portes de Paris; l'ennemi tâcha qu'il fût dans Paris. Il déclancha ce bombardement par pièces à longue portée et par avions, qu'il avait inauguré lors de son offensive de mars. Il mutilait des églises parisiennes, des hôpitaux, massacrait des femmes et des enfants. Il prétendait préluder ainsi à la destruction de Paris, que la presse d'outre-Rhin annonçait imminente.

Les armées du kronprinz impérial à proximité de Paris, les forces françaises obligées de tenir un front démesuré, l'armée anglaise accrochée dans le nord à nos côtés, voilà les traits principaux de ces jours affreux, où apparaissaient, en outre, de nouvelles et vastes parties de la France envahies et dévastées, le grand centre de production et de communications, qu'est la capitale, sous le feu intermittent de l'ennemi. Qu'une nouvelle avance allemande fût réalisée, comment Paris — cœur de la France et de l'Entente — pourrait-il être sauvé ?

III. — SOUS L'ÉTREINTE ALLEMANDE (*juin 1918*). — LA CONCENTRATION DES FORCES FRANÇAISES EN VUE DU CHOC DÉCISIF.

La France connaissait le comble de l'angoisse, mais non point l'abattement. Sous la forte impulsion du chef du gouvernement, elle envisagea les pires infortunes et se raidit dans la volonté fixe de résistance à outrance. Il apparut clairement aux nations de l'Entente, aux Neutres, à l'ennemi, que, jamais, quels que fussent les coups du sort, elle n'accepterait le triomphe de l'Empire allemand, puissance d'oppression et d'exaction, criminel auteur de la guerre.

Cette pensée la soutenait : que, malgré tant de cruels revers, malgré l'extraordinaire difficulté, le tragique même de la situation, l'essentiel était sauf : c'est-à-dire l'armée française.

Au 21 mars, notre armée n'avait point été battue : au contraire, les réserves qu'elle avait pu, en hâte, envoyer en Picardie, avaient arrêté l'agresseur. Au 27 mai, la puissante attaque ennemie avait été dirigée contre une faible garnison, celle du Chemin des Dames. Aux deux extrémités de ce secteur, sous Soissons, et surtout à Reims, nos troupes avaient étonnamment « tenu », dérivant la ruée allemande vers le Tardenois. Nos réserves, accourues successivement, s'étaient jetées, sur la Vesle, la Marne, contre des forces disproportionnées, et avaient fini par les fixer dans un véritable cul-de-sac. L'ensemble des armées françaises n'avait point été engagé.

Nos soldats étaient exaspérés contre cette sorte de fatalité qui les mettait sans cesse en présence de masses allemandes. Mais ils conservaient le sentiment d'une valeur, à laquelle, à nombre égal, l'ennemi ne saurait résister. C'est ce que montra la bataille pour Compiègne (9 juin). Impatient d'étendre et d'aligner à l'ouest le front qu'il constituait contre Paris, le général Ludendorff voulut avancer par la vallée de l'Oise. Il se heurtait là à nos unités d'infanterie et d'artillerie en densité normale. Le combat fut d'une extrême âpreté. Violemment contre-attaqué le 13 et refoulé sur la rive droite de la rivière, l'ennemi fit en vain, les jours suivants, de vigoureuses tentatives sur la rive gauche. Il subit les pertes les plus sévères. Il s'arrêta, ayant réalisé un gain territorial appréciable, mais sans avoir pu atteindre Compiègne, ni faire tomber ce puissant bastion, cette remarquable place d'armes, que formaient, entre son saillant, Château-Thierry-Dormans et ses nouvelles positions de l'Oise, nos forêts de Laigue, Compiègne et Villers-Cotterets. **Notre commandement maintenait ainsi un front de bataille émi**nemment propice à des initiatives stratégiques.

Le grand Etat-Major allemand estima que, pour rompre ce bouclier de l'Entente, l'armée française, il fallait qu'il rassemblât tous ses moyens en hommes, canons et munitions et qu'il les jetât dans une action **d'ensemble fortement** concertée : qu'il préparât en un mot une dernière et formidable offensive. C'était un répit, dans la lutte géante, procuré par l'ascendant de nos troupes.

Le gouvernement français, notre commandement, se hâtaient de recompléter nos forces, les regrouper, leur distribuer des armes nouvelles. Des hommes furent pris aux usines, avec l'assentiment unanime du pays et du Parlement. Des noirs furent appelés en nombre, servant dans nos régiments ou dans des unités coloniales; d'autres étaient recrutés en Afrique. Nos troupes de Flandre rejoignirent; celles d'Italie étaient accourues déjà en majeure partie; quelques divisions vinrent de l'Est. Des réserves furent disposées sur le front de Paris. Des chefs énergiques furent promus. Des chars d'assaut, des avions étaient groupés en formations nouvelles. Des procédés de combat, propres à déjouer la tactique allemande, à déconcerter l'ennemi, étaient pratiqués. Notre armée s'entraînait à vaincre dans une série

d'actions locales qui, du 15 juin au 15 juillet, nous instrui-
sirent des desseins de l'assaillant et nous donnèrent d'utiles
positions en affirmant la hardiesse de nos troupes.

C'est l'ardent concours des volontés, du chef du gouvernement aux Chambres, aux généraux, aux soldats, aux
ouvriers, qui fit l'efficacité de ces promptes mesures. En
présence de l'unanimité des Français dans la préparation du
heurt décisif, comment nos alliés n'auraient-ils point rivalisé
de dévouement sans réserve ?

L'Angleterre avait, au 21 mars, senti la lourde menace
ennemie sur son appareil de défense et sur le Détroit. A
l'appel de Lloyd George, le Parlement étendit à de nouvelles catégories de citoyens l'obligation de servir, pour assurer, dès la fin de l'été, d'abondantes réserves à ses armées.
En quelques semaines, 320.000 hommes instruits furent transportés, des garnisons et des dépôts de la métropole, en
France. Sir Douglas Haig s'employa à reconstituer ses
unités, aménager un nouveau front, créer un nouveau réseau
de communications. Le gouvernement français faisait construire — en cent jours — une voie ferrée, pourvue d'importants travaux d'art, qui doublait, plus à l'ouest, la voie
d'Amiens-Saint-Pol, bombardée et menacée par l'ennemi.
Le cabinet de Londres donnait une flotte de 300.000 tonnes
pour accélérer le transport en France de l'armée américaine.

Les Etats-Unis répondaient, en effet, à l'attente de la
France, au delà même de toute espérance. Dès le 21 mars,
ils multipliaient les envois de troupes en nos ports. Malgré
la rareté du tonnage maritime, les dangers de la navigation,
ils débarquaient, sans pertes, 200.000 à 300.000 hommes
par mois. Un million d'Américains, dont 750.000 combattants environ, étaient sur notre sol au 4 juillet, date de
commémoration de l'Indépendance des Etats-Unis. Emue
de ce splendide élan, la France décréta fête nationale cette
grande solennité américaine.

L'Italie participait à cette œuvre de redressement de l'En-

tente en donnant à la France, outre de nombreux travailleurs, un corps d'armée, et en repoussant glorieusement, sur
le front des Alpes et du Piave, avec le concours des renforts franco-anglais, la grande offensive austro-hongroise du
15 juin.

Tant d'efforts atténuaient singulièrement l'infériorité militaire de l'Entente. Les Britanniques, reformés, pouvaient
assumer seuls désormais la garde du front de mer. Plusieurs
divisions américaines, pourvues de canons et d'avions, étaient
à la disposition du gouvernement français, noblement offertes,
dès le 21 mars, par le général Pershing, et aguerries depuis
lors par de brillants engagements sur l'Avre et sous Château-Thierry. Comment disposer ces éléments nouveaux en
vue d'une pleine utilisation, en vue du succès ?

Ce fut l'œuvre du commandement unique, consacré par le
Conseil de guerre interallié de Versailles (3 juin). Le général Foch forma des armées de manœuvre avec les divisions
françaises relevées, sur le front de l'Est, par les jeunes unités
américaines, ou appelées, comme nous l'avons vu, d'Italie
et du front britannique. Il les renforça avec d'importants
détachements américains, anglais, italiens. Et il disposa ces
forces suivant les possibilités de manœuvre, qu'offraient,
d'une part, la configuration même du champ de bataille,
avec la poche profonde d'Aisne à Marne, étranglée par nos
solides positions de l'ouest de Soissons et de Reims et flan-
quée par notre place d'armes de Villers-Cotterets, et,
d'autre part, le plan de commandement ennemi.

Car les heureuses actions de notre infanterie, les multiples reconnaissances de notre aviation, le travail de nos
états-majors permettaient aux généraux Foch et Pétain de
suivre la préparation ennemie et de prévoir le développement du plan de Ludendorff.

Ainsi, l'admirable résistance morale de la France, qui
toujours domina l'adversité, l'étonnante activité de ses chefs
politiques et militaires, le zèle des Alliés, avaient permis

de rassembler, à l'heure décisive, une forte armée de manœuvre, servie par un matériel perfectionné, soumise à une pensée stratégique, dont la pénétration et l'ampleur allaient apparaître.

IV. — LE MIRACLE FRANÇAIS : AU FAITE DE LA PUISSANCE, L'ALLEMAGNE EST VAINCUE (*juillet* 1918).

Si les peuples se comprennent difficilement les uns les autres, comment l'Allemagne pénétrerait-elle le génie français ? Comptant exclusivement sur les forces matérielles, sur la discipline mécanique, la méthode, les Allemands introduisent dans l'élaboration et l'appréciation des actes — et des conflits — nationaux et internationaux, le déterminisme le plus rigoureux et le plus redoutable. Il est, dans l'âme française, des vertus rares dont ils ne saisissent ni le prestige ni les effets: cette foi absolue en les destinées nationales, cette conviction profonde qu'une cause juste ne peut et ne doit être perdue, cette volonté de redressement contre l'iniquité dont témoignent nos fastes passés, cette faculté d'excitation nerveuse qui, dans le péril comme dans la victoire, décuple les énergies populaires. Faut-il rappeler l'extraordinaire ressort des soldats de Denain et de Valmy, de Montmirail et de Coulmiers, de la Marne ? Qu'il s'agisse de ces élans d'un peuple, ou de l'audace heureuse d'un Premier Consul, des initiatives décisives d'un Carnot, d'un Gambetta, d'un Clemenceau, de telles virtualités, de tels actes échappent aux prévisions de nos ennemis. D'apparence désordonnée, saccadée, la logique profonde de notre histoire n'est point saisie par l'intelligence allemande, trop positive.

En juin 1918, toute l'Allemagne impériale fut convaincue et proclama devant l'univers que la France était à l'agonie.

Après s'être débattue désespérément pendant quatre années, saignée à blanc, notre patrie ne paraissait-elle point à deux doigts de l'abîme ? Les masses allemandes étaient sur la Marne, en parfaite sécurité, affirmaient les écrivains militaires d'outre-Rhin, étant arc-boutées à la mer et à la Suisse et dans la plénitude d'une supériorité victorieuse. L'armée américaine ne comprenait, d'après eux, qu'un détachement d'élite « amené pour abuser amis et ennemis sur la force militaire des Etats-Unis ». L'armée anglaise, rejetée aux côtes de l'Ouest, ne pouvait seconder les Français. Quant à l'armée française, elle restait inévitablement étirée de la Picardie à la Haute-Alsace, sans liaison (tout transport par voie ferrée de Somme en Champagne devant subir un long détour par le sud de Paris), et dénuée de réserves. Décimée, démoralisée, l'armée de Foch attendait le coup de grâce.

Insultant, raillant le vaincu, la presse allemande écrivait que Paris, à demi détruit déjà, disparaîtrait sans dommage pour l'art, et invitait ironiquement les Français à en appeler « à un second miracle de la Marne ». Le kaiser, jugeant à son expansion la puissance de son empire, déclarait combattre « pour le triomphe de la conception prussienne, allemande et germanique du monde » (16 juin).

Le commandement ennemi basait la certitude de la victoire non seulement sur l'affaiblissement de la France et de ses Alliés, mais aussi sur l'étendue de ses préparatifs et l'ampleur de son plan. Deux armées, l'une de choc, l'autre d'exploitation du succès, devaient, la première, percer notre front de Champagne, entre Reims et l'Argonne, enlever Châlons et Epernay; la seconde, traverser la Marne et déborder par le sud-est les forces françaises qui couvraient Paris. Cette puissante manœuvre serait protégée par deux flancs-gardes, l'une à l'est, en direction de Sainte-Menehould, faisant face à notre armée de Verdun; l'autre à l'ouest, établie entre Château-Thierry et Montmirail. Elle jetterait le désarroi dans le dispositif de Foch et Pétain, placerait Paris sous le feu des batteries lourdes allemandes, mettrait le gouvernement dans l'obligation d'opter entre la ruine ou la capitulation.

C'était donc l'ultime offensive, l'offensive de paix, *Friedensturm;* le kronprinz impérial était chargé de la conduire. Au matin du 15 juillet 1918, le kaiser se rendit dans un observatoire du front de Champagne, pour déclencher la bataille et assister à la déroute mémorable des Français dans les champs catalauniques.

Ce qu'il contempla, c'est le piétinement de ses unités d'élite dans le sang, c'est leur hécatombe. Le général Pétain avait prescrit le retrait de nos troupes et leur échelonnement en profondeur, de manière à les soustraire aux tirs de destruction et d'asphyxie de la formidable artillerie allemande, notre zone avancée n'étant tenue que par des mitrailleurs dispersés dans des trous d'obus. Ce furent les divisions d'assaut de l'ennemi, qui, se heurtant à des forces d'artillerie et d'infanterie, excellemment retranchées et intactes, subirent un feu terriblement meurtrier.

Au soir du 15 juillet, l'armée du général Gouraud avait infligé aux Impériaux, entre Reims et la Main-de-Massiges, le plus sanglant échec.

Mais l'aile droite allemande avait, au prix d'opiniâtres attaques, progressé entre Château-Thierry, Dormans et la haute vallée de la Vesle. Elle passait la Marne et elle s'avançait à l'est en direction d'Epernay.

C'est alors que, soudain, d'un bond irrésistible, fut accomplie la manœuvre décisive, qu'avait voulue notre commandement. Le 18 juillet, par surprise, sans préparation d'artillerie, précédée d'une cuirasse de chars d'assaut armés de canons et de mitrailleuses, secondée par une nuée d'avions, l'armée du général Mangin — prolongée sur sa droite par l'armée Degoutte — se jeta sur le flanc ouest du profond saillant allemand d'Aisne à Marne, bousculant douze divisions ennemies, leur enlevant 20.000 prisonniers, 400 canons. — Ce coup marquait la fin de la suprématie militaire de l'empire allemand.

Le général Ludendorff était forcé d'arrêter net l'offensive impériale, à demi brisée dès le 15. Il était contraint de rappeler ses avant-gardes aventurées au sud de la Marne et en direction d'Epernay. Il était obligé d'évacuer sans retard le saillant Château-Thierry-Dormans, où ses armées à l'étroit ne pouvaient être ni ravitaillées, ni soutenues : le général Mangin menaçant, sous Soissons, le débouché des voies de communication d'Aisne à Marne, l'artillerie lourde française écrasant les convois, obstruant les routes dans le Tardenois et notre aviation achevant de jeter le trouble et la mort dans cette aire étroite. La colossale offensive allemande s'achevait en une vaste défaite.

Une seconde victoire de la Marne récompensait le tenace héroïsme de nos soldats, la foi de la nation en ses destinées : victoire française, plus de 70 % des combattants étant des Français de France; victoire alliée, Américains, Anglais, Italiens s'étant battus à nos côtés, avec une bravoure obstinée; victoire de libération, à laquelle prirent part les contingents de nos possessions africaines.

Les historiens se plairont à dégager les dissemblances qui distinguent nettement les deux batailles de 1914 et de 1918. Mais, cette fois encore, sur l'une des routes historiques de Paris, à proximité de cette capitale militaire de l'Entente, une puissante attaque française, par l'ouest, contre le flanc allemand, disloquait le monstrueux appareil d'écrasement de l'ennemi, jetait bas son plan d'anéantissement de la France et de domination mondiale.

De ce jour s'affirme la maîtrise stratégique des Alliés. L'initiative appartient à Foch, qui ne cessera de porter des coups rapides et sûrs. Ludendorff est réduit à une pénible défensive.

DEUXIÈME PARTIE

Vers la décision.

1. — LA VALEUR DE L'ARMÉE FRANÇAISE. — COMMENT EST ENTREPRIS LE REFOULE-MENT DES MASSES ENNEMIES (*août* 1918).

Qui ne distinguerait l'instinct national, le génie de la France animant la nation, ses chefs, ses soldats, ses ouvriers, dans le gigantesque drame de 1918, ignorerait la raison profonde des merveilleux événements de juillet — du rétablissement militaire de la France et de l'Entente. Mais la plus noble volonté est impuissante, si elle ne dispose des moyens d'action nécessaires. Le commandement put rassembler ces instruments, à l'heure critique, parce qu'ils avaient été créés, mis au point, par des années de patient labeur. Il importe de saisir pleinement ce que sont ces outils de combat, ces conditions du succès, puisque ce sont eux qui rendirent possible ce renversement de la fortune des armes au profit de la France et des Alliés et qui assurèrent à leurs soldats la décision finale.

Le matériel de combat. — Malgré les difficultés croissantes d'approvisionnement en charbon et en matières premières, malgré l'arrêt, au printemps, de nos mines de Béthune, malgré les tirs de harcèlement (par pièces à longue portée et par avions) des usines de la région parisienne, la production du matériel de guerre n'avait cessé de se développer au cours de l'année 1918 : et cela en qualité comme en quantité.

C'est que les besoins de nos armées grandissaient en proportion même de l'énorme afflux du matériel allemand à notre front (apports de Russie). C'est que l'incessante transformation des procédés de combat exigeait la fabrication d'engins nouveaux : chars d'assaut à armement spécial, avions de bombardement diurne, obus toxiques contenant des gaz inutilisés par nous jusqu'ici. C'est enfin que les demandes de nos Alliés s'étendaient encore : nouvelle artillerie pour l'armée italienne, contrainte de se reconstituer après Caporetto; artillerie pour l'armée américaine, dont il fallait armer les unités, plus nombreuses de mois en mois; munitions, obus toxiques pour les uns et les autres; avions pour tous nos Alliés, particulièrement les Belges, les Grecs, les Américains.

Le talent de nos savants, de nos ingénieurs, stimulé par les incessantes exigences de la lutte, mettait à jour des types d'appareils d'une mobilité et d'une puissance toujours accrues. Un programme de constructions s'achève-t-il, un autre plan d'ensemble, comportant des perfectionnements, est amorcé. Ainsi, la supériorité de notre outillage de guerre n'en empêche point l'abondance.

S'agit-il *d'artillerie ?* Notre artillerie lourde à grande puissance, créée depuis 1915, rivalise sous tous les rapports avec l'allemande. Notre artillerie lourde de campagne, d'une perfection reconnue, est assez nombreuse pour que toutes nos unités en soient largement dotées. En cet été 1918, le nombre de pièces lourdes en service dans l'armée française, est le double de ce qu'il était en février 1917. Notre 75 demeure le soutien préféré de l'infanterie. Le camp retranché de Paris a été équipé, pour la défense contre avions, en canons de tous calibres, notre flotte de commerce complètement pourvue. Et cependant, jamais nos armées n'ont eu une telle suffisance de pièces et de munitions. Quelles que soient l'étendue, la durée, l'âpreté des batailles géantes, notre commandement sait qu'il ne manquera pas d'obus, explosifs, toxiques, etc.

Considère-t-on *l'artillerie d'accompagnement ?* Ce sont les

Français qui, les premiers, ont construit des chars d'assaut lourds et les premiers des chars d'assauts légers (1). L'armée française a disposé, en l'été 1918, de régiments de chars d'assaut, qui lui ont assuré des avantages inappréciables : ces engins écrasant, par leur masse, les défenses accessoires, si redoutées (fils de fer), et formant, dans l'attaque, les meilleurs destructeurs de l'arme préférée de l'ennemi si meurtrière : la mitrailleuse.

Entend-on comparer les *aviations* existantes ? La nôtre demeure au premier rang, parmi celles des nations belligérantes. Nos appareils d'observation, de réglage, ne le cèdent à nuls autres. Nombre d'entre eux sont à plafonnage élevé, permettant de faire, en plein jour, des reconnaissances à 6.000 mètres d'altitude. Nos appareils de chasse l'emportent en vitesse — qualité primordiale — sur ceux de l'ennemi. Et nous possédons un matériel sans rival : l'aviation de bombardement diurne. Des modèles d'une audace déconcertante sont à l'étude, tandis que nos usines œuvrent avec une intensité hors de pair. Nous fabriquions 25 fois plus d'appareils par mois, fin 1917, qu'au début de la guerre. Et nous avons réussi, au cours de 1918, à doubler encore notre production : elle est donc *cinquante fois* plus importante maintenant (août 1918) qu'en août 1914 !

Est-il étonnant que nous soyons restés, depuis quatre ans, les grands fournisseurs de l'Entente en matériel d'artillerie et d'aviation ?

Les procédés de combat. — A l'intense labeur de production de la zone arrière répond le constant effort des états-majors en vue d'obtenir le parfait emploi tactique, le plein rendement des nouveaux instruments de combat. Comment ne point signaler, à cet égard, les résultats remarquables auxquels sont parvenues nos armées ?

---

(1) Les Anglais ont réalisé simultanément des appareils analogues, les *tanks*, sans connaître nos procédés et sans nous faire connaître les leurs.

Le travail de l'artillerie est d'une complexité, — en raison des nombreuses spécialisations par calibre et par sorte d'obus, — d'une perfection dans l'emploi des explosifs et des gaz, suivant les objectifs, d'une sûreté dans les effets destructeurs, qui stupéfieraient les profanes appelés à suivre la préparation et le développement d'une bataille.

Mais l'innovation essentielle, dans nos opérations offensives de l'été 1918, c'est l'emploi en masse, par centaines, par milliers, des chars d'assaut. Groupés en régiments distincts, survenant à l'heure de l'attaque, ils sont l'instrument par excellence de la surprise. Ni réseaux de fils de fer, ni tranchées, ne tenant devant eux, ils rendent parfois inutiles les tirs de destruction préliminaire de l'artillerie et frayent la voie à l'infanterie d'assaut. Ils la couvrent de leur masse blindée. Ils la protègent par leurs feux, qui annihilent les mitrailleuses ennemies. La tactique nouvelle, fondée sur l'emploi du char léger, multiplié sur le front de bataille, encadré de sections d'infanterie, explique dans une large mesure la progression de nos armées depuis juillet.

Il faut y adjoindre les nouveaux procédés de combat de l'aviation. Car l'avion est, avec le char d'assaut, l'auxiliaire précieux de l'infanterie, dans l'attaque. Jamais son rôle n'a été si efficace que dans les opérations en cours. L'avion est l'éclaireur qui précède les troupes d'assaut et les seconde dans toutes les phases de l'action. Volant à faible altitude, il énerve la résistance ennemie en attaquant tout rassemblement adverse à la mitrailleuse et à la bombe. Il signale au Commandement l'exacte progression de nos sections. Il dirige les coups de l'artillerie sur les points vulnérables de la défense, sur les réserves qui accourent. Le tirailleur n'est plus l'isolé, le sacrifié des premières années de la guerre : il voit partagés, soutenus, ses héroïques efforts, présente la pensée du Commandement, qui, sachant à tout instant ses épreuves, le guide, le ravitaille, l'appuie par des renforts, le défend par des feux d'artillerie.

Notre aviation remplit une autre tâche, qui accentue singulièrement la portée de nos combats : tâche assignée aux appareils de bombardement diurne, couverts par les avions de chasse. De grandes formations mobiles, distinctes des détachements aéronautiques affectés à nos corps d'armée, sont transportées soudain sur un champ de bataille. Les avions de chasse nettoient le ciel, ce qu'ils accomplissent grâce à leur tactique d'attaque, non plus individuelle, mais en groupe.

' Puis, les avions de bombardement entreprennent la désorganisation méthodique du système de défense adverse; ils s'appliquent à aveugler, immobiliser, dépouiller, décimer l'ennemi. En se relayant sans arrêt, pendant des journées, des nuits entières, ils obtiennent la même continuité que l'artillerie, dans l'effort destructeur. Ils font sauter gares importantes et travaux d'art (ainsi, les ponts de la Somme, à Péronne et en amont, lors de l'attaque anglo-française du 8 août), dépôts de matériel, observatoires... Ils empêchent l'arrivée régulière des réserves stratégiques, ils s'opposent à la retraite des grandes unités et à l'évacuation des parcs. Ils infligent à l'ennemi des pertes et des dommages de toute sorte. En prolongeant au loin l'action des canons lourds, en étendant la zone du péril, ils font peser sur l'ennemi une menace grave, propre à l'affaiblir et le démoraliser (1).

L'infanterie au combat. — L'infanterie a désormais son action facilitée et doublée par des auxiliaires nouveaux; mais c'est elle dont la valeur, l'élan, le sang demeurent le fac-

____

(1) De même, d'ailleurs, que nos ingénieurs ont réalisé avant l'ennemi des types d'avions spécialisés, d'un perfectionnement hors de pair, de même les officiers de notre aéronautique ont créé spontanément des méthodes remarquables : pour le réglage d'artillerie par télégraphie sans fil, pour la photographie et son utilisation, comme pour l'accompagnement de l'infanterie, le combat aérien et le bombardement. Ils ont été les instructeurs des aviations de l'Entente, — et, pourrait-on dire sans exagération, ceux de l'aviation ennemie.

teur essentiel du succès; c'est elle qui, à force d'endurance, d'énergie indomptable, force la victoire. On aurait pu craindre qu'une guerre d'une telle durée désespérante, marquée par de grands revers, usât la capacité de souffrir, la volonté de vaincre de l'infanterie française. Jamais ces vertus ne s'affirmèrent avec plus de splendeur que dans les douloureux combats de mars à mai 1918 et dans les glorieuses actions qui ont suivi.

Notre infanterie, dont le contact des grands périls et des grandes victoires a stimulé l'impatience héroïque, préfère à la guerre de tranchée la guerre en rase campagne. Chefs et soldats y montrent une entente de la manœuvre, une promptitude et une précision de mouvement, une souplesse remarquables. Déconcertés aux premiers jours de l'offensive ennemie par les méthodes allemandes d'emploi intensif du feu, de recherche des points faibles, de débordement des nids et des centres de résistance, ils ont bien vite riposté par une tactique appropriée, ainsi dans la bataille de Compiègne, sur la rive droite de l'Oise, aux 9 et 10 juin 1918 se portant au-devant de toute pointe ennemie, détruisant ou capturant, avant qu'ils ne fussent en force, les éléments avancés. Depuis lors, ils ont battu l'envahisseur avec ses propres armes, et avec les moyens, les méthodes distincts, dont une ingéniosité et un art bien français les ont dotés.

La conduite du combat. — Notre commandement possède à la fois, d'ailleurs, l'expérience de la guerre d'immobilisation et les hautes traditions de la guerre de mouvement. Et c'est celle-ci que, le pouvant enfin, il entend désormais faire prévaloir. Il n'applique point dans l'offensive, non plus que dans la défensive, une tactique uniforme; il prescrit celle que suggèrent les circonstances, le terrain et l'avantage de surprendre l'ennemi. En Champagne, où nous disposons de plusieurs lignes fortifiées de longue date, il aménage une défense en profondeur; mais il conserve ailleurs des positions nécessaires par une résistance sur place à outrance. Il attaque avec préparation d'artillerie, l'adversaire puissamment retranché; il procède ailleurs par assaut brusqué. Il s'inspire largement des leçons de cette guerre titanesque et connaît beaucoup mieux qu'en 1914 les moyens exacts de l'ennemi.

Voilà les supériorités, nouvelles ou héréditaires, toutes laborieusement acquises, qui, en l'été 1918, font l'armée française si forte et apte à refouler l'envahisseur. Voilà à quel aboutissement merveilleux a conduit l'effort militaire de la France. Au début de la cinquième année de guerre, notre pays, toujours au feu, possède des troupes de manœuvre et de choc intactes, ou plus exactement reconstituées, d'une puissance qui consterne l'ennemi. Notre contribution, en combattants, demeure encore la première dans l'Entente !

C'est pourquoi Foch, promu au Maréchalat, au lendemain de la seconde victoire de la Marne, résolut de traquer sans arrêt l'ennemi.

N'entendait-il point profiter, d'autre part, du désarroi, matériel et moral, provoqué dans l'armée allemande par le coup décisif, qu'elle avait reçu en pleine attente du triomphe ? de l'usure des divisions impériales, affaiblies par des mois de bataille acharnée et contraintes d'attendre jusqu'à octobre le renfort de la classe 1920 ? du dégoût des soldats de Ludendorff, conduits au massacre, alors que leurs chefs prétendaient les mener à la grande curée ?

Une série d'opérations magnifiques, où pour la première fois de nombreuses armées françaises, anglaises, américaines attaquent de Flandre en Champagne, selon un plan unique, où la virtuosité du Commandement égale la valeur des troupes, anéantit les résultats des formidables offensives allemandes des 21 mars et 27 mai (8 août-10 septembre 1918). Paris recouvre la large zone de protection, que lui avaient assurée nos actions offensives de 1917. Les Britanniques reconquièrent la sécurité de leurs bases navales, la pleine liberté de leurs mouvements.

L'envahisseur est rejeté sur ses positions anciennes, d'où, par une suite de nouveaux combats, les Alliés le chasseront hors de France et de Belgique.

II. — L'EXPANSION DE L'ENTENTE ET L'AF-FAIBLISSEMENT DE L'EMPIRE ALLEMAND. — LES RÉSULTATS DE L'EFFORT FRANÇAIS (10 *septembre* 1918).

C'est la satisfaction très haute dévolue à la France, que, dans cette guerre contre l'odieuse tyrannie germanique, elle rallie les sympathies actives du monde entier. Et c'est pour elle le gage d'un avenir réparateur.

L'Angleterre tient un million et demi d'hommes au service de sa flotte, pour assurer la défense des mers; elle entretient des forces expéditionnaires aux Balkans, aux confins de l'ancien Empire des Tsars (côte Mourmane, Sibérie, Transcaucasie), en Asie Mineure; et elle porte l'armée du maréchal Douglas Haig, dès cet automne, nous l'avons vu, au plus haut degré de force.

L'Italie, la Belgique, la Serbie, la Grèce, le Portugal tâchent de recompléter leurs troupes, afin, qu'avec l'aide des détachements français, les victoires de la Marne et de la Somme aient prochainement des répliques sur les fronts extérieurs (1).

Qu'est-il de plus émouvant, à la gloire de deux nations, que cette sorte de piété dont les Américains témoignent à l'égard de la France martyre ? Une puissance de ténèbres a voulu opprimer, assombrir le monde, en commençant par

---

(1) Depuis que ces lignes ont été écrites, les mémorables victoires des armées alliées aux Balkans (28 sept.) et en Palestine (28 sept.) ont déterminé la capitulation de la Bulgarie (30 sept.), l'affaiblissement définitif de la Turquie et aussi de l'Autriche-Hongrie. Ainsi les Etats complices de l'Empire allemand sont abattus avant lui.

écraser notre pays; malgré des efforts surhumains, le droit a failli succomber, vouant au dégoût de la vie, à la désespérance, les âmes éprises de justice. Et alors, une puissance d'émancipation a surgi, résolue à maintenir à tout prix la liberté des hommes, l'indépendance des peuples. Au moment le plus tragique de la lutte, elle a réclamé sa large part de sacrifices, elle s'est jetée dans l'effroyable mêlée. Par cet acte splendide, que la France est si bien faite pour comprendre, et qui ennoblit une race, l'Union américaine rend aux plus las le courage de vivre.

Cette intervention américaine n'est pas seulement merveilleuse de civisme libéral et humain, d'idéalisme social, la réalisation en tient du prodige. Qui donc, parmi les esprits les mieux informés, aurait pu croire, en janvier 1918, que six mois après, un million de soldats américains seraient en France ? Que, par la soif du combat et du succès, ils compenseraient leur inexpérience ? Leur concours a été extrêmement appréciable dans la victoire du 18 juillet et aussi l'assurance, la hardiesse nouvelles, que donnait à nos chefs et à nos soldats la présence de réserves américaines, nombreuses et résolues.

Le Congrès américain a voté, en septembre 1918, un bill étendant de dix-huit ans jusqu'à quarante-cinq ans l'obligation militaire. Il permet ainsi au Gouvernement fédéral de porter à 3 millions d'hommes dont deux fixés en France (dès 1919), l'armée combattante américaine; armée sélectionnée et véritablement d'élite par la vigueur et l'ardeur.

Le Congrès de Washington a décidé de couvrir les frais d'entretien d'une armée pan-américaine, pour que les Républiques latines du Nouveau Monde — dont la plupart ont rompu avec l'Allemagne, soutiennent l'Entente et, tel le Brésil, aident à la grande lutte — puissent y prendre une part glorieuse sur les champs de bataille de France.

L'armée américaine atteint ainsi à un développement inespéré. Ses forces neuves, intrépides, assurées de réserves illimitées, seront aux prises avec des troupes allemandes aguerries, mais en nombre désormais épuisable et lasses de combats sans fin et sans gain. Chefs et hommes s'appliquent superbement à acquérir au feu cette expérience qui leur fait défaut. C'est à eux, ils le savent, qu'échoit le gros de cette tâche laborieuse; achever l'usure des légions impériales, la dislocation du front allemand, le refoulement de l'envahisseur. Quelle œuvre propre à égaler la jeune démocratie américaine aux vieilles nations qui, depuis des siècles, guerroient pour la sauvegarde d'un large humanisme ! Et quel couronnement à cette lutte épique de la France contre un Empire de proie, que l'entrée en lice des soldats du Nouveau Monde pour la libération de l'ancien !

En présence de cette ardente croisade des peuples libres dont notre armée est comme le support, quel spectacle offre la coalition ennemie ? La seconde victoire de la Marne a signifié à l'Allemagne que sa force brutale était désormais dominée, et brisée sa prétention d'opprimer et exploiter le monde. Les batailles qui ont suivi lui ont montré le néant de ses formidables offensives, l'inutilité de ses effroyables hécatombes. Une sorte d'effroi saisit alors les populations d'Outre-Rhin : devant les conséquences de leurs criminelles entreprises et l'étendue des réparations qu'elles seraient contraintes de consentir aux victimes. Et, aveu insolite, hommage inouï, la presse allemande osa citer un exemple, à la nation impériale déprimée, la France jamais abattue et plus forte encore au comble du péril ! Quel dur démenti à soi-même, après tant de pages enflammées sur la France décadente, humiliée, vouée à la décomposition et à la mort !

Mais comment rassurer une nation saoule de quatre ans de tueries, qui voit grandir les forces de ses adversaires et s'élever autour d'elle la réprobation du monde ? Le recul des armées allemandes ne donne-t-il point la mesure de l'affaissement de la puissance impériale ?

Les peuples auxquels le pouvoir de Berlin prétendit faire

goûter « la paix allemande », Finlande, Pays Baltiques, Russie, Ukraine, Roumanie, et auxquels il imposa son système d'oppression et d'exaction, se révoltent contre lui : à tel point que le Gouvernement impérial doit effectuer en Orient un immense recul, rappeler son ambassadeur à Moscou, faire revenir ses détachements des Balkans et d'Asie Mineure, concentrer partout ses troupes en quelques grands centres de résistance : prélude à une renonciation complète et forcée à l'énorme proie slave et orientale.

Les Alliés même de l'Empire allemand, terrorisés et dépouillés, profitent de cette retraite générale pour se détacher de lui. Des Turcs et des Bulgares, c'est à qui accentuera davantage les griefs, le ressentiment contre l'Allemand. Quant à l'Autriche-Hongrie, elle est en état de demi-famine, de demi-anarchie, à la veille d'une dislocation générale.

*
* *

Une coalition impériale qui s'effondre, en regard la libre Entente croissant en forces et en prestige, qui durera désormais, la lutte entre ces deux puissances inégales, dont l'inégalité augmente de mois en mois ? Nul doute que l'Allemagne, terrifiée devant la suite de sa folie meurtrière, forte de ses classes de 450.000 hommes, dont la nouvelle, celle de 1920 est, pour moitié, dès octobre, prête à combattre, ne prolonge la guerre à outrance. Mais la patience de la France, l'excès même du danger ont donné à l'Entente le temps et le goût de forger les armes par lesquelles l'ennemi sera vaincu. Les Alliés ont constitué et accroissent sans cesse un énorme matériel de combat. Ils ont instauré la forte organisation militaire, l'unité de commandement, qui leur manquait au début de 1918. Ils s'assurent, dès cet automne — ainsi les Anglais — des renforts propres à compenser, et au delà, l'appoint de la jeune classe allemande. L'armée américaine leur apporte enfin le dernier facteur de la décision : la puissance du nombre.

Il peut y avoir des temps d'arrêt, des périodes de préparation dans la suite des opérations offensives de Foch, ainsi durant l'hiver. Mais la guerre d'immobilisation est finie, sa réapparition n'est plus à redouter. L'Entente possède ce qu'elle n'avait pas en 1914, la maîtrise militaire, les moyens d'empêcher l'ennemi affaibli de se terrer et de se reconstituer. Le plan offensif des Alliés suivra un développement inéluctable. Ne voyons-nous pas déjà les armées de l'Entente impatientes de continuer sur notre sol en automne les opérations victorieuses de l'été ? Chefs et soldats également résolus à traquer sans répit l'envahisseur ?

En même temps, partout où reflue l'invasion allemande, apparaissent les forces des grandes nations libres. Dès juillet l'Entente décida d'envoyer des détachements à l'extrême nord de la Russie, pour sauvegarder les dernières communications de ce malheureux pays avec l'Europe occidentale, et à l'extrême est de la Sibérie, pour entreprendre dans le monde slave une œuvre de pénétration pacifique et de relèvement. Les cadres et les noyaux de troupes alliées — parmi lesquels figurent des soldats français — rallient les éléments tchéco-slovaques, russes, polonais, serbes, yougo-slaves, échappés à la subversion de l'ancien Empire des Tsars et des petits Etats voisins.

Et comment ne point indiquer en quelques mots que l'Entente dispose sur l'Empire allemand de moyens de coercition autres que la puissance militaire : ceux surtout que lui donnent sa prépondérance économique, son monopole des matières premières, son pouvoir de limiter l'exportation allemande, source de la fortune, de l'orgueil et de la folie de l'Empire ? L'organisation économique de l'Entente suivra vraisemblablement son organisation militaire, rendant possible une action d'une rare efficacité. — Et l'Entente ne s'emploie-t-elle pas, activement désormais, à opposer à la

propagande germanique, si pernicieuse, l'expansion méthodique de ses généreuses doctrines ?

Une paix de justice, dans un avenir limité, paraît certaine. Car il n'est qu'une base possible au traité qui mettra
fin à l'effroyable bouleversement contemporain et fixera la
constitution nouvelle du monde : la liberté et l'égalité des
nations, associées pour conjurer toute catastrophe nouvelle,
pour instaurer l'équité dans les rapports internationaux. Cet
acte de rénovation prescrira la réparation des dommages sans
nombre causés aux nations pacifiques par l'Empire allemand.
La Belgique, symbole de l'honneur, connaîtra une restaura-
tion glorieuse; la Serbie, la Roumanie seront libérées et les
innombrables sujets asservis des Empires de proie, Latins du
Trentin, de l'Istrie et de Transylvanie, Tchéco-Slovaques,
Polonais, Yougo-Slaves obtiendront l'émancipation qu'ils
attendent depuis des siècles.

La France, que l'envahisseur a cru et déclaré frappée
à mort, exsangue, ruinée à jamais, se présentera en effet au
Congrès de la Paix atrocement blessée : deux millions de
jeunes hommes tués ou mutilés, des populations entières
réduites systématiquement à la faiblesse physiologique et à
la misère, de vastes provinces dévastées, des villes historiques démolies, des industries détruites, des ouvriers en
nombre considérable privés d'instruments de travail, une flotte
amoindrie, des pertes se chiffrant par centaines de milliards.

Vit-on jamais empire s'appliquant plus savamment, plus
odieusement, à voler et à détruire les moyens de production, de richesse, d'un territoire envahi, à décimer ses habitants, que l'Allemagne impériale sur le sol français ?

Mais la noblesse même de notre pays, en ce drame
effroyable, la continuité de ses efforts, vraiment uniques, son
indomptable résolution aux heures où la force brutale s'éta-
lait implacable, ont convaincu le monde de ce fait : c'est
qu'en présence de 70 millions d'Allemands unis par un

impérialisme monstrueux, il convient qu'il y ait une France forte, capable d'action. D'un commun accord seront, nous n'en pouvons douter, assurées à notre pays les conditions de sa reconstitution ethnique, de sa sécurité extérieure, de son relèvement industriel, commercial et financier.

Ses fidèles Alliés voudront l'aider dans la paix comme dans la guerre.

Une succession inouïe d'efforts, survenant dans l'histoire la mieux remplie qui soit de fastes, de désastres héroïquement supportés, de grands actes généreux : est-il preuve plus éclatante, aux yeux du monde, de l'avenir réparateur que mérite et doit obtenir la France, soldat du droit ?

L'EFFORT SUPRÊME

ooo

LA CAMPAGNE DE LIBÉRATION

(10 Septembre - 11 Novembre 1918)

CHAPITRE I

La Rupture du Front impérial.

I. — L'EFFORT DE LA FRANCE. — FOCH ET L'OFFENSIVE GÉNÉRALE. — L'ARMÉE ALLEMANDE AU 10 SEPTEMBRE 1918.

C'est une prodigieuse campagne, que celle qui, en deux mois, du 10 septembre au 11 novembre 1918, assure à la France la prise des formidables positions tenues depuis 1914 par les armées impériales, la libération de son sol, la défaite complète de l'Allemagne et de ses vassaux. Elle déconcerte par la multiplicité des coups portés à l'ennemi, par l'ampleur des opérations simultanées, la puissance, la rapidité de ces actions, leur issue décisive.

Comment, après quatre ans de formidables heurts sans résultats essentiels, une telle campagne foudroyante est-elle possible ?

C'est que, précisément, ce dernier acte, d'une intensité inouïe, a été préparé, amené, par ceux, si laborieux, qui ont précédé. Il est la mise en œuvre des grands moyens accumulés par un labeur aussi complexe que tenace. Il est par la substance même, comme par ses effets, le dénouement.

Combien dans ce paroxysme de lutte, dans cette dernière et victorieuse étreinte, fut grande la part de la France ; c'est ce qui apparaît de plus étonnant ! En septembre 1918, notre pays supportait depuis quatre ans la formidable pression des armées impériales ; il avait subi des pertes irréparables ; au cours des derniers mois, ses divisions avaient combattu sans arrêt, pour arrêter les ruées allemandes du 21 mars et du 27 mai, pour briser celle du 15 juillet, pour rejeter en août les masses assaillantes sur leurs positions de départ. Il semblait qu'une suite si extraordinaire d'épreuves les eût épuisées. Les légions américaines n'accouraient-elles pas pour relever nos soldats, défaillants de blessures et de gloire ?

Et cependant, ce sont les soldats français qui, dans la campagne de libération, figurent au premier rang par le nombre, par l'étendue du front occupé, par l'ampleur des attaques. Et ils se battent non seulement en France, mais aux Balkans, en Palestine, en Italie, partout où il faut anéantir la puissance germanique !

Ils sont pourvus de l'arme la plus redoutable : ces chars d'assaut, légers et lourds, cette aviation de combat et cette aviation de bombardement, que la technique française a mis au point et fabriqués par milliers.

Exemple unique, à jamais mémorable, de ce que peut la passion de la résistance, chez une nation qui entend rester libre et grande.

L'honneur sans pareil de M. Clemenceau, c'est d'avoir incarné, aux heures les plus émouvantes du drame, ce refus de la France de désespérer, cette volonté de vaincre. C'est d'avoir donné, à notre pays et à l'Entente, le moyen de l'emporter, qui leur manquait encore : l'unité de commandement.

Après l'extraordinaire vitalité française, la campagne de libération met en pleine lumière, en effet, l'éminente qualité de ce commandement.

En acceptant d'ajouter aux cent deux divisions françaises les soixante deux divisions britanniques de Sir Douglas Haig, les vingt divisions américaines du général Pershing (1), portées peu à peu à vingt-neuf, les huit divisions belges, les renforts italiens, slaves, etc., en acceptant de les soumettre à la direction du maréchal Foch, les Alliés rendaient possible l'entreprise dont il était évident que, seule, elle forcerait la rupture du front impérial : l'offensive générale sur toute l'étendue du front !

Nos grandes opérations des années précédentes — et les

_____

(1) Chaque division américaine comprend environ 30.000 hommes, soit l'effectif *doublé* d'une division française ou anglaise.

tentatives colossales de Ludendorff en 1918 — avaient démontré qu'une brèche est inutile : si l'ennemi conserve la faculté de la clore, en y jetant toutes ses réserves.

Le maréchal Foch puisait dans les enseignements de la guerre, comme dans les principes de la stratégie française, la compréhension nette de ce que pouvait et devait être cette offensive d'ensemble. Il sut en faire la plus rapide, la plus brillante des campagnes de libération.

Il substitua l'action de la manœuvre à cet effet de masse, de pesanteur irrésistible, qu'avait exclusivement recherché le commandement allemand. Il n'engagea dans chaque opération que des effectifs strictement limités. Il put ainsi renouveler ces assauts, les rendre simultanés aux secteurs les plus distants les uns des autres. Il fut en mesure de prolonger ce terrible harcèlement jusqu'à l'épuisement de l'ennemi.

Cette vaste manœuvre obéit à un plan d'ensemble. Le rôle du centre, le jeu des ailes est — les événements le montrent — tracé par le maréchal Foch avec maîtrise. Ni l'ordre, ni le lieu des nombreuses attaques qui s'enchevêtrent ne sont arbitraires. Ils sont suggérés par les exigences de la lutte et les possibilités de succès, par les erreurs et les faiblesses de l'ennemi : opportunité de le frapper en un point important, d'atteindre ses communications, de percer un flanc découvert. Que le commandement allemand soit contraint de diminuer la garnison d'un secteur ou hors d'état de renforcer celle d'autres positions, aussitôt s'élancent les troupes de Foch !

Mais cette exacte proportion des forces aux résultats visés, cette fréquence des coups, cette continuité dans l'effort le plus âpre supposent des armées éprouvées, des chefs d'une science sûre, des soldats infatigables. Comment — c'est l'incessante énigme — nos soldats, après tant de labeurs, purent-ils encore marcher, se battre deux mois entiers, sous les intempéries, les bombardements, les nappes de gaz asphyxiants, traquer l'ennemi sans merci ? Grâce à ce grand chef, le général Pétain — promu maréchal après l'armistice — qui excelle à préparer, doser soutenir l'effort de ses troupes, à l'alléger en en tirant l'effet maximum ; grâce à l'heureuse progression de cette campagne finale, qui, très vite, donne à nos hommes le sentiment d'une supériorité définitive. Ils déployèrent une endurance, une fougue inespérées, parce qu'ils allaient de l'avant, qu'ils chassaient l'envahisseur, qu'ils distinguaient, tout proche, le but de quatre ans d'héroïsme et de stoïcisme : la victoire !

*
* *

Au 10 septembre, l'armée allemande conservait une grande puissance numérique ; elle comptait encore deux cents divisions sur le front de France — représentant avec le personnel des services 3 millions et demi d'hommes — et trente-huit divisions au front oriental. Mais la plupart de ces unités étaient à effectifs incomplets. Dans son ensemble l'armée du général Ludendorff avait été déjà fortement ébranlée par le magnifique succès de l'offensive française du 18 juillet, qui l'avait chassée du saillant de la Marne (prise de Fismes-sur-Vesle, 4 août) et de l'offensive franco-britannique du 8 août qui l'avait jetée hors du saillant de la Somme (prise de Montdidier 10 août, Bapaume 27 août, Noyon 31 août, Péronne 1er septembre.)

Les impériaux avaient donc perdu leurs conquêtes du printemps ; le bilan de leur colossale tentative se chiffrait ainsi : un demi-million d'hommes tués ou hors de combat, cent mille prisonniers et un millier de canons cédés aux Franco-Anglais.

Ils avaient dû rendre au commandement allié les grandes voies ferrées Châlons-Paris et Paris-Amiens : c'est-à-dire la liberté de mouvoir ses réserves.

L'ennemi conservait, il est vrai, le Chemin-des-Dames. Mais, dans la première semaine de septembre, il subissait encore deux rudes échecs : l'un lui était infligé par l'armée britannique qui, de Drocourt à Quéant, entaillait gravement le système défensif couvrant Douai et Cambrai, et ne s'arrêtait, de la Scarpe à Marquion, qu'à la ligne d'eau marquée par le canal du Nord ; l'autre lui était imposé par les troupes françaises qui s'emparaient de la ligne de la Vesle (5 septembre), des deux Coucy et de Barisis (5-7 septembre).

Au 10 septembre, on le voit, l'armée allemande n'avait point connu de répit depuis la seconde bataille de la Marne (15-18 juillet) ; et elle était assez abimée.

Fait non moins grave, le commandement impérial avait perdu toute liberté de manœuvre.

Mais l'ennemi comptait que la continuité même de nos attaques nous contraindrait au repos. D'autant plus que nous venions d'occuper des contrées désertiques, ravagées encore par les combats du printemps et de l'été, sans villages, sans routes, où nous aurions — combien péniblement — à installer nos troupes, à amener notre artillerie, nos munitions, notre ravitaillement. Tâche préalable qui s'imposait, puisque nous nous heurtions, désormais, à une formidable muraille.

Le communiqué impérial du 8 septembre le déclarait en effet ; les armées allemandes reprenaient possession des lignes qu'elles avaient tenues de l'hiver 1914 à l'offensive du printemps 1918 et qu'elles estimaient inexpugnables : les fameuses lignes dites « Hindenburg » (1).

C'était un puissant système de retranchements, farci de points d'appui, positions de batteries, observatoires, nids de mitrailleuses, abris bétonnés, étalé sur dix à quinze kilomètres, de manière à disperser le tir de l'assaillant et à faciliter la défense en profondeur. Ce vaste ensemble, protégé par des réseaux de fil de fer barbelé de cent mètres de largeur, par des inondations tendues contre les chars d'assaut, ceinturait, de la Flandre à Verdun, et au delà, tout le front des armées impériales.

« Le rempart Hindenburg, déclarait par ordre, et non sans raison, la presse allemande, est la ligne de résistance la plus

____

(1) L'ennemi dénommait, en réalité, ces lignes comme suit : 1re ligne · du nord d'Arras au Catelet *Hindenburg Stellung* : du Catelet à Reims, *Siegfried Stellung* ; 2° ligne, secteur de Douai-Cambrai-Bohain, *Wotan Stellung*, secteur Ribémont-Marle, *Hunding Stellung* ; de Château-Porcien · Grandpre en Argonne, *Brunchild Stellung* ; ligne Buzancy-Dun-Briey, *Kriemhild Stellung*.

forte qui ait jamais couvert l'un des fronts de la guerre mondiale. Sous sa protection, nous pouvons en toute sécurité attendre les événements, en nous remettant pour le reste à l'homme qui a donné son nom à ce mur gigantesque » (1).

Cette protection ne suffisait point, cependant, à calmer les appréhensions des soldats — et du pays — allemands. La *Frankfurter Zeitung* le constatait, avec une justesse parfaite : Les espérances du printemps avaient été trop gigantesques. Au lieu « de la fin de la guerre, après laquelle on soupirait, était « venue une série de combats. *Le front a besoin de se remettre* « *lentement* » (10 septembre).

Quant à la nation allemande, maintes manifestations officielles en décelaient les sourdes inquiétudes : discours du général Freytag-Loringhofen à Berlin, discours de Guillaume II aux ouvriers d'Essen, arrêtés des généraux commandants de région contre la propagation des fausses nouvelles...

Le rempart Hindenburg, isolant la citadelle germanique, n'empêchait point la nation et l'armée d'avoir le pressentiment de la défaite...

II. — LA BATAILLE POUR LA « LIGNE HINDENBURG »LES COMBATS D'APPROCHE (*14-25 septembre*).

L'ennemi espérait une trêve, qui lui permettrait de se ressaisir. Le maréchal Foch entreprit aussitôt la longue, vaste et dure bataille qui devait le rendre maître du rempart Hindenburg.

Le front ennemi, en direction est-ouest des approches de Verdun à celles de Reims et de Soissons, repartait de cette région en direction sud-nord par La Fère, Saint-Quentin, Cambrai, Lens, et Armentières. Il dessinait donc vers Paris — distant d'une centaine de kilomètres — un saillant, protégé

---

(1) *Essener Volkszeitung*, 10 septembre.

par un enchevêtrement de défenses naturelles et de défenses artificielles infranchissables: le massif de Saint-Gobain. Ce puissant bastion, par delà Saint-Quentin à l'ouest et Laon au nord, couvrait toute la coulée de l'envahisseur dans la vallée de l'Oise.

Le Maréchal Foch maintint trois armées françaises sur le pourtour de ce formidable centre allemand : armée Berthelot, de Reims à Soissons (aux Français), armée Mangin sur l'Ailette, armée Debeney sous Saint-Quentin (à l'ennemi). Engagés en des combats de plus en plus amples depuis mars, nos soldats devaient encore fixer le gros des forces impériales — pour donner aux ailes des armées alliées quelque liberté de mouvement.

L'aile est, de Reims à la Meuse et au delà, était formée de l'armée Gouraud (Champagne), prolongée sur la Meuse par l'armée du général Pershing. Groupées depuis peu, ces troupes américaines éprouvaient le talent de leurs états-majors et affirmaient leur cohésion, dans la brillante opération de Saint-Mihiel (12-13 septembre), qui réduisit le fameux saillant ennemi, dégagea la grande voie ferrée Nancy-Verdun, et donna à nos Alliés 20.000 prisonniers et 200 canons.

L'aile ouest, de Vermand à la frontière belge, était confiée à l'armée anglaise, renforcée par quelques divisions américaines. Le maréchal Douglas Haig avait utilisé intensivement trois mois de répit en ce secteur (mai-juillet) pour reconstituer ses troupes et les porter au maximum de leur puissance. Il leur avait procuré en août la fierté d'une complète revanche sur la Somme. L'ardeur de l'armée britannique, en ces dernières semaines, l'énergie de ses généraux, l'ampleur de ses moyens matériels devaient faire d'elle, dans la maneuvre de Foch, la véritable aile marchante.

En Belgique, les vaillantes troupes du roi Albert étaient soutenues par un détachement français.

Dès le 14 septembre, l'armée Mangin, dont la tâche est entre toutes ingrate et dure, attaque l'ennemi aux approches sud de la forêt de Saint-Gobain. Elles bouscule 3 à 4 divisions allemandes et avance de 2.000 mètres, sur un front de 15 à 20 kilomètres, enlevant Vauxaillon, Allemant, le moulin de Laffaux, puis le mont des Singes et Vailly. Elle poursuit sa pénétration les jours suivants, tâchant de prendre d'enfilade les Allemands, accrochés en amont sur le cours de l'Aisne et le Chemin-des-Dames. L'ennemi sait la valeur de l'enjeu ; il contre-attaque âprement.

Les Britanniques, et à leur droite notre armée Debeney, accomplissent alors un vigoureux mouvement offensif. Le 18 septembre, ils avancent de 4 à 5 kilomètres sur un front de 35 kilomètres. Malgré de vives réactions de l'ennemi, ils restent maîtres de Gouzeaucourt, Ronssoy, Hargicourt, Villeret, Pontru, Fresnoy-le-Petit, de. 10.000 prisonniers et de plus de 60 canons allemands. Plus au sud, nos soldats, en six jours de combat, enlevaient les abords ouest et sud de Saint-Quentin, défendus par des concentrations de feux d'artillerie ennemie ; Fontaine-les-Clercs (18), Contrescourt, Castres (19), Essigny-le-Grand (20), Benay (21), Vendeuil (22). De Cambrai à Saint-Quentin et à l'Oise, l'étroite bande de terrain, qui couvrait la zone de retranchements Hindenburg-Siegfried, appartenait aux Alliés

Mais quelle tâche, d'amener à travers des territoires défoncés notre artillerie et l'énorme stock de munitions nécessaire ! Ne faut-il pas, cependant, neutraliser le puissant matériel de destruction ennemi, anéantir les tranchées, abris bétonnés, fils de fer accumulés dans les lignes allemandes ? Français et Anglais s'acquittent, malgré tous les obstacles, de cette préparation nécessaire, sans cesser de combattre ardemment.

Les 24, 25 et 26, le martelage du centre allemand continue. Dans la région d'Allemant et du Moulin de Laffaux, l'ennemi multiplie les retours offensifs au prix de pertes sanglantes, sans arrêter notre laborieuse progression. Autour de

Saint-Quentin, de durs combats donnent à nos Alliés l'ensemble des retranchements de Selency et à nous-mêmes Francilly-Selency et l'Epine de Dallon.

Foch atteint le résultat visé : il immobilise, il use un nombre excessif de divisions ennemies au centre du front de combat, tandis qu'il va exercer, par les ailes, de puissantes poussées.

III. — LES GRANDES OPÉRATIONS DES 26-30 SEPTEMBRE — L'ENNEMI BATTU DE LA MER A LA MEUSE.

A l'est, le 26 septembre, l'armée Gouraud engage, de l'Argonne à la Suippe, une bataille hérissée de difficultés. Il s'agit d'enfoncer des lignes ennemies, fortifiées à loisir, depuis quatre ans, et défendues par une artillerie de premier ordre. Redoutant une agression en cet important secteur, le Commandement allemand y a appelé des divisions de valeur — en densité moindre toutefois que dans la région de l'Oise, où demeure massé le gros des troupes impériales.

Force est de frayer la voie à notre infanterie, à travers cette zone striée de retranchements, jalonnée de centres de résistance. L'attaque n'est lancée qu'après une préparation d'artillerie de onze heures. La valeur de nos combattants fit qu'elle réussit. Au soir du premier jour, nous tenions sur 35 kilomètres de front un ensemble de tranchées de 5 kilomètres de profondeur : la ferme Navarin, les buttes de Souain, de Tahure, les villages de Tahure, Rouvroy, Cernay-en-Dormois, Melzicourt... L'ennemi occupait fortement la rive nord de la Py, dont des barrages avaient haussé le niveau, et la vallée de l'Allin, également inondée. Entre ces deux rivières existait comme un pont de sept à huit kilomètres de largeur. C'est par là que nos chars et nos détachement d'assaut, refoulant une résistance exaspérée, passèrent, le deuxième jour de la bataille (27 septembre) et débordèrent les nouvelles lignes de défense ennemies. Au soir de ce second jour 10.000 prisonniers et un matériel considérable étaient en nos mains. Le 28 et le 29, devant l'étendue de nos succès, l'ennemi contre-attaque avec des forces nouvelles. Il ralentit notre avance, mais ne peut nous empêcher de prendre Bouconville, le mont Cuvelet, Séchault, Ardeuil, Vieux, Manre, Sainte-Marie-à-Py. La bataille se poursuit les jours suivants, non moins dure, mais conduite de notre côté avec autant d'habileté que d'énergie,

A la droite de l'armée Gouraud, entre la forêt d'Argonne et la Meuse, l'armée américaine avait été chargée de prolonger l'attaque. Elle bénéficia de la surprise, — une courte préparation d'artillerie n'ayant pas donné l'éveil à l'ennemi. Avec sa fougue habituelle, elle se jeta en avant, emporta la redoutable butte de Montfaucon — capturant plus de 8.000 prisonniers et de 100 canons. Mais l'ennemi réagit de telle sorte, le 28 et 29, que nos Alliés eurent à déployer une extrême opiniâtreté pour conserver leurs gains. Céder, pour lui, n'était-ce pas exposer tout le centre impérial à un débordement par le nord-est ? Entre les deux armées, l'américaine et l'allemande, résolues l'une à passer à tout prix, l'autre à résister jusqu'à extinction d'hommes, une bataille acharnée, bataille d'usure, commence...

*
* *

Cependant que cette offensive se déroulait à l'aile est, le maréchal Foch déclanchait de l'autre côté du grand saillant allemand de l'Oise, à l'aile ouest, une puissante action.

Cette attaque commençait sous Cambrai, le 27 septembre, avec des éléments des première et troisième armées britanniques commandées l'une par le général H. J. S. Horne, l'autre par le général J. H. G. Byng. Malgré l'organisation redoutable des défenses ennemies, protégées par le fossé profond que forme le canal du Nord (en construction) — nos alliés, renforcés par des détachements américains, réalisèrent au prix d'assauts opiniâtres, une grande avance. Après avoir, fait tomber Arleux, Marquion, Anneux, les approches du Catelet, dès le second jour ils s'emparaient des villages de la banlieue de Cambrai et un peu plus au sud, de Marcoing, où ils franchissaient l'Escaut. Tout un fragment de la fameuse ligne Hindenburg était en leur possession !

Le 29, les Anglais voulurent élargir leurs gains, de Cambrai à Saint-Quentin. Et de cette ville à La Fère, l'armée Debeney les y aida énergiquement. La bataille augmenta donc, en ampleur et en intensité. Elle fut nettement favorable aux Alliés. Leurs troupes s'installèrent sur les positions Siegfried, prolongement au sud des retranchements Hindenburg. Les Américains emportèrent Bellicourt et Nauroy en passant sur le tunnel du canal du Nord. Les Anglais enlevèrent Magny-la-Fosse et Le Hautcourt à 6 kilomètres au nord de Saint-Quentin, en traversant — superbe prouesse — le redoutable canal. Les Français s'emparèrent d'Urvillers, à 5 kilomètres sud de Saint-Quentin, et de Cerizy. Le butin de nos Alliés s'élevait, en trois jours, à plus de 22.000 prisonniers et plus de 300 canons.

Ces magnifiques résultats étaient définitifs, puisque l'ennemi ne pouvait masser des réserves pour les disputer à nos Alliés. Il devait en même temps, en effet, résister à la pression qu'avec ténacité l'armée Mangin exerçait sur son centre. Les 28 et 29 septembre, nos soldats progressaient entre Aisne et Ailette, entraient à Jouy, à Aizy, Pargny-Filain et Ostel. Ils rejetaient, en ce secteur, les impériaux au nord de l'Ailette — prélude d'une évacuation forcée du Chemin-des-Dames.

Cette pression victorieuse était prolongée, entre Aisne et Vesle, par l'armée Berthelot, qui, après une assez longue accalmie, attaquait avec vigueur, le 30 septembre. Sur un front de 12 kilomètres, elle emportait les lignes ennemies · Revillon, Romain, Montigny-sur-Vesle étaient dépassés par nous.

Enfin à l'aile est, les armées Gouraud et Pershing continuaient âprement leur offensive.

* *
*

Cette vaste bataille, laborieusement préparée, poursuivie
par des mouvements d'armées coordonnés, donnait au 30 septembre des résultats essentiels.

Le rempart Hindenburg-Siegfried menacé à l'est, battu en
brèche au centre, était rompu, à l'ouest, de Saint-Quentin à
Cambrai, sur une profondeur de quelques kilomètres et une
étendue d'environ dix lieues. Il ne protégeait que fort mal
désormais les masses allemandes, vouées à une difficile
retraite.

Pour retarder l'heure désastreuse, le général Ludendorff
était forcé de jeter dans la brèche divisions sur divisions. Ses
troupes multipliaient les contre-attaques, dans cette journée
du 30, sur les positions anglaises de Cambrai, américaines du
Catelet, françaises du sud de Saint-Quentin, sans déterminer
de reculs alliés importants ni durables. Elles s'usaient dans
une lutte inégale.

Par là s'accentuait l'affaiblissement des secteurs extrêmes
(belge et vosgien) du système défensif allemand, où n'étaient
maintenues que des garnisons médiocres.

* *
*

Cette concentration des forces allemandes sur le front de
Somme à Aisne, ce vide inconsidéré fait aux ailes rendaient
possible la belle manœuvre de débordement par le nord que
projetait le maréchal Foch.

Le 28 septembre, après quatre ans de pénible immobilisation dans les plaines de Flandre, l'armée belge, renforcée par
des unités françaises, entrait en action de Dixmude à Ypres,
sous le commandement du roi Albert. Elle était appuyée, au
Sud, par les divisions britanniques du général Plumer.

Exaltée par le sentiment qu'enfin elle marchait à la déli
vrance de la patrie, elle réalisa, en quarante-huit heures
au delà de Passchendaele, une avance supérieure à celle
qu'avait value au maréchal Douglas Haig, de juillet à novembre 1917, la sanglante campagne des Flandres. Elle franchit une zone formidablement fortifiée, saisissant avec l'aide
britannique près de 10.000 prisonniers et plus de 200 canons.
Dixmude, la célèbre forêt d'Houthulst, la grande crête des
Flandres, la position de Messines, les abords ouest de Roulers
et Menin, les bourgs de Wervick, Commines, Warneton,
tombèrent les 28, 29 et 30 aux mains des Belges, des Français,
et des Anglais.

Courtrai — point essentiel dans le réseau de communications
des armées ennemies — était à proximité des tirs d'artillerie
alliés. Lille et les charbonnages du Nord se trouvaient menacés d'un dépassement par le nord. L'ennemi était contraint
de porter en hâte des réserves en Flandre : sinon ses positions
étaient tournées.

Le front de combat se trouvait ainsi distendu, jusqu'à me-
surer 200 kilomètres. Obligé d'étaler à l'extrême ses forces, le
général Ludendorff ne disposait plus que d'une quinzaine de
divisions de réserve capables d'un effort offensif.

Jamais nos soldats n'avaient ainsi été à l'assaut à la fois en
Flandre avec les Belges, sous Saint-Quentin en liaison avec les
Anglais, seuls sur tout le pourtour du centre allemand, en Argonne
à côté des Américains. Jamais bataille, conduite, sous le commandement d'un maréchal français, par un tel nombre d'armées
alliées, mettant aux prises des millions d'adversaires, de la mer
du Nord à la Meuse, jamais effort de combat si gigantesque
n'avait encore été accompli. Jamais non plus la France et l'En
tente n'avaient été si proches du but définitif : écraser et forcer
à une retraite générale et profonde les Impériaux.

IV. — L'EXPLOITATION DU SUCCÈS. DEUX BRÈCHES, A SAINT-QUENTIN ET EN CHAMPAGNE *(1-8 octobre)*.

Comment avouer à l'Allemagne et au monde la défaite des armées du Kaiser? Comment accomplir une retraite, dont il était impossible de prévoir le terme, puisque les lignes inexpugnables cédaient, puisque le rempart même de l'Empire conquérant s'effondrait? Le général Ludendorff tenta de tenir contre toute espérance. Les combats qui suivent le grand élan offensif des Alliés, et qui forment comme l'exploitation de la victoire, sont disputés par l'ennemi avec une extrême opiniâtreté.

Cependant le bilan de ces actions partielles, mais acharnées, qui se suivent du 1er au 8 octobre, est magnifique : c'est Saint-Quentin, Lens, Armentières repris ; Cambrai serré de près; Reims dégagé; Lille approché; c'est un repli allemand du Catelet à Saint-Quentin, par où les Britanniques et les Français, ayant débordé les positions Siegfried, sont en mesure de faire tomber tout le rempart ennemi; c'est un autre repli, au nord, dans le secteur de la Bassée; c'est un repli plus grave à l'ouest, en Champagne, où l'ennemi abandonne la région des Monts et bat en retraite vers l'Aisne moyenne; c'est, en un mot, le front allemand entamé, disloqué; il ne présente plus cette continuité rectiligne, qu'il affectait au 10 septembre, lors de la réinstallation de nos ennemis dans leurs anciennes lignes de départ; il offre des contours sinueux, des saillants, donnant ainsi au maréchal Foch des possibilités nouvelles de manœuvre.

Comment ne point évoquer plus distinctement ces combats où nos soldats, avançant sur des terrains défoncés, et sous les feux d'une artillerie redoutable, privés d'abris, luttant sans arrêt, montrèrent une endurance, une hardiesse, qui firent rendre tous ses effets à la victoire ?

Le 1ᵉʳ octobre, nous enlevions Saint-Quentin, depuis 1914 aux mains de l'ennemi. C'était un succès d'autant plus grand, que la ville formait un centre de résistance, grâce au développement de ses caves, qui pouvaient abriter une garnison nombreuse et grâce à l'aménagement des hauteurs situées à l'est, couvertes de batteries. Le 4 octobre, nous prenions Lesdins, et Morcourt, au nord-est de la ville, 400 prisonniers, 4 canons lourds dont deux de 210.

*
* *

Plus au nord, les Britanniques, poursuivant avec leur ténacité légendaire une série de combats d'une extrême âpreté, repoussant de fortes contre-attaques ennemies, s'emparaient définitivement, le 3 octobre, de Sequehart, Ramicourt, Wiancourt, Gouy et le Catelet, le 5 de Montrehain, Beaurevoir, Aubencheul au Bois et, en ces deux jours, de 5.000 prisonniers. Cette avance les mettait fort au delà des fameuses positions Siegfried.

Plus au nord encore, non loin de Cambrai, ils chassaient l'ennemi de Crève-cœur et Rumilly (2 octobre), du plateau de la Terzière (5 octobre).

Les Anglais sont aux lisières mêmes, aux faubourgs de Cambrai. Mais ils entendent faire tomber la ville, sans l'attaquer de front, de manière à éviter à l'ennemi tout prétexte de la détruire. Leur progression au sud de la cité leur en assure la prise prochaine. Et c'est toute la ligne marquée par Douai, Cambrai et naguère Saint-Quentin, que l'ennemi sera alors contraint d'abandonner.

*
* *

En Belgique, l'ennemi ne dispose point non plus de réserves assez nombreuses pour empêcher l'installation des troupes victorieuses sur les formidables positions conquises.

L'avance alliée est, au 4 octobre, d'une quinzaine de kilomètres sur un front de 40 kilomètres. Elle a complètement dégagé Ypres et Dixmude et a permis d'occuper le cours de la Lys d'Armentières à Werwicq.

Le butin est de 10.500 prisonniers, 350 canons, 200 mortiers de tranchées, 600 mitrailleuses.

Les conséquences prochaines s'affirment de grande portée stratégique; c'est le débordement de la côte belge — dont l'ennemi s'empresse d'enlever son matériel — et c'est le débordement de Lille.

Déjà, Armentières étant nettement encerclé au nord, comme Lens au sud en raison des incessants progrès des Britanniques en direction d'Arleux, le commandement ennemi juge prudent d'évacuer ces deux villes (3 octobre). Il reporte ses troupes sur le canal de Lille, de Douai, de la Haute-Deule, en occupant les avancées de Lille. Ce recul était accompli au 4 octobre, jour où les Anglais entraient à Wavrin et Erquinghem à 6 kilomètres ouest de notre métropole du Nord.

*
* *

Cependant à l'autre aile du système défensif impérial, les progrès de la laborieuse offensive de Champagne et d'Argonne s'accentuaient. Nous enlevions notamment les 3 et 4 octobre les organisations ennemies de la région nord de la Py. A notre droite, l'armée américaine conquérait Gesnes, Fléville-Chéhéry, La Forge et Chatel-Chéhéry.

En même temps le maréchal Foch poursuivait, d'abord sur la Vesle (30 septembre-1er octobre), puis au nord de Reims (2 et 3 octobre), une manœuvre qui nous donnait en ces parages toute la rive sud de l'Aisne.

Ces avances convergentes, également remarquables, réalisées l'une par l'armée Gouraud de la vallée de la Py à la vallée de l'Arnes (4 octobre) en direction nord-ouest, l'autre par l'armée Berthelot de la Vesle à l'Aisne et de là en direction nord-est, tendaient à étrangler en quelque sorte la poche que formaient désormais les positions allemandes disposées en demi-cercle autour de Reims (du sud-est au nord-ouest).

L'ennemi dut évacuer précipitamment, les 5 et 6 octobre, ces organisations réputées, dont il possédait la majeure partie depuis 1914 et qui s'appellent le fort de Brimont, le massif de Moronvilliers, le massif de Nogent-l'Abbesse.

Cet ensemble d'engagements, brillamments exécutés, nous valut quelques milliers de prisonniers et près d'une centaine de canons.

Le communiqué officiel du 6 octobre déclare justement :

« Les combats d'aujourd'hui ont complètement achevé la délivrance de Reims, dont la richesse et le passé historique excitaient la convoitise des Allemands. »

Mais les offensives Gouraud et Berthelot auront à bref délai d'autres conséquences encore. Elles contraindront les armées impériales à continuer leur repli jusqu'à une ligne de protection suffisante. Cette ligne, ni la Suippe ni l'Arnes ne la procurent ; nos troupes ont d'ailleurs, en plusieurs points, franchi ces rivières. Seule l'Aisne peut couvrir les divisions ennemies. Mais en ce cas, la forêt d'Argonne à l'est sera découverte, dépassée, et, fait plus considérable encore, le massif de Saint-Gobain à l'ouest sera débordé.

*
* *

Ainsi, en deux secteurs d'importance essentielle, de Cambrai à Saint-Quentin, d'une part, en Champagne, d'autre part, les Allemands ont leur front percé sans espoir de rétablissement ; ils sont forcés de préparer une retraite qui laissera leur bastion principal — le massif de Saint-Gobain — en flèche, condamné à tomber sous nos coups.

Ils tentent de résister encore. Le 7 octobre, ils contre-attaquent violemment sur ces deux brèches. Mais ils n'ont point assez d'hommes pour les sacrifier ainsi, aux endroits où les organisations défensives ont cédé. Ils peuvent retarder l'échéance fatale, non point l'empêcher.

Les replis déjà accomplis par l'ennemi en entrainent inévitablement d'autres, d'une amplitude, d'une gravité beaucoup plus grandes.

La bataille pour la ligne « Hindenburg », amorcée par de vigoureuses actions préliminaires, accomplie par les grandes opérations des 26, 27 et 28 septembre en Champagne, de Cambrai à Saint-Quentin, et en Flandre, continuée par des combats « d'exploitation » est gagnée par le maréchal Foch!

V. — L'USURE DES ARMÉES IMPÉRIALES. — A L'INSTIGATION DU GÉNÉRAL LUDENDORFF, L'ALLEMAGNE ET SES ALLIÉS DEMANDENT LA CESSATION DES HOSTILITÉS *(5 octobre)*.

Le fait capital qui ressort de ces heurts d'une ampleur et d'une intensité non pareilles et qui l'emporte encore en importance sur leurs résultats stratégiques ou tactiques, c'est l'usure extrême de l'ennemi.

Usure de ses divisions. — Il a été contraint d'en engager simultanément jusqu'à 130 dans la bataille, 30 autres restant dans les secteurs momentanément calmes. Il restait au Commandement allemand moins de 30 divisions pour former ses réserves, assurer les relèves. Et une douzaine seulement de ces unités étaient capables d'effort offensif.

L'ennemi ne peut, avec des disponibilités si réduites, faire face désormais aux exigences d'une bataille géante, telle que celle pour la ligne Hindenburg.

D'autant plus que depuis deux mois, il a dû supprimer près d'une vingtaine de divisions; qu'il perd 100.000 tués par mois depuis avril; qu'il a eu du 15 juillet au 30 septembre

250.000 prisonniers; que chaque jour ses pertes équivalent à l'effectif d'une division.

Ses moyens de recomplètement sont limités : 200.000 hommes environ de la classe 1920 ont seuls été instruits — les autres ayant été laissés aux travaux de récolte ; les blessés rétablis, récupérés, etc., présentent un chiffre un peu supérieur. Il n'y a pas là de quoi maintenir les unités allemandes à leurs effectifs réglementaires, alors que les armées de l'Entente ne cessent de croitre en nombre !

C'est pourquoi le commandement impérial se résigne à réduire de 4 à 3 le nombre des compagnies par bataillon ; ce qui diminue sensiblement la force de ses divisions.

Usure du matériel. — L'ennemi possédait au front, au 15 juillet, environ 35.000 mitrailleuses ; les Alliés lui en ont pris plus de 23.000.

En dix semaines (15 juillet — 30 septembre) ils ont enlevé 3.700 canons.

Le chiffre des obus ravis aux impériaux ou explosés par nos soins est énorme.

D'où une grave menace pour les armées allemandes, au moment où leurs fabrications de guerre sont en décroissance. Cette moindre productivité des industries ennemies d'armement est alors certaine. Elle provient du défaut de main-d'œuvre qualifiée, de la raréfaction des matières premières, de la diminution du charbon, de la crise des transports, de la sous-alimentation du personnel ouvrier, etc.

L'artillerie ennemie n'ose plus se livrer à des tirs de harcèlement, même dans les secteurs les plus agités. Elle répond faiblement, par exemple, aux batteries britanniques. Elle conserve ses munitions pour opposer des tirs de barrage aux attaques des Alliés.

Etant donnée cette usure, comment l'Allemagne a-t-elle pu soutenir les furieux combats des 26, 27 et 28 septembre livrés sur des secteurs étendus, de Flandre à l'Argonne ? Par des mesures, qui ressemblent à des expédients.

Le général Ludendorff attendait notre offensive de Champagne au 26 septembre. Il avait disposé quelques renforts à l'arrière de ses lignes et prévu l'intervention de divisions de secteurs voisins. Il fut donc en mesure — en cédant du terrain — de contenir notre poussée.

Par contre il n'avait pas prévu l'attaque américaine du même jour, entre Meuse et Forêt d'Argonne. Pour y faire face, il dut appeler une division d'Alsace, une autre de Belgique, d'autres encore de la région de Coucy : mouvements désordonnés, attestant le défaut de réserves stratégiques disponibles, et l'obligation de recourir à des moyens de fortune.

Quand, le 27, les Anglo-Français reprirent leur furieuse pression de Cambrai à Saint-Quentin, ils se heurtèrent à des masses importantes : puisque le maréchal Foch avait contraint précisément nos adversaires à concentrer leurs forces sur le centre de leurs lignes.

Survint l'offensive du roi de Belgique, appuyé par une armée anglaise, en Flandre, le 28 septembre. Le commandement ennemi fut surpris, effrayé. Il prit une mesure extrême ; il enleva quatre divisions de l'un des points les plus menacés par les Alliés — les alentours d'Arleux-Marquion, et les jeta entre Roulers et Menin pour retarder, sinon pour arrêter, la libération de la Belgique.

En somme, le général Ludendorff agit comme le capitaine d'un navire de guerre faisant eau de toutes parts, qui serait obligé de déboucher les voies d'eau les moins menaçantes pour obstruer les plus graves — manquant de matériel pour les fermer toutes : un tel jeu est désespéré ; il est le prélude du naufrage.

Cette terrible décroissance de la puissance impériale permet de saisir le sens des événements politiques qui surviennent à cette date. Le chancelier de l'Empire, comte Hertling, démissionne (30 septembre). Guillaume II le remplace par le prince Max de Bade, auquel a préalablement été faite une réputation d'homme d'Etat à convictions démocratiques et tendances pacifistes. Le nouveau dignitaire s'empresse en effet d'orienter l'Empire vers le gouvernement parlementaire. Et il s'associe, au nom de l'Allemagne, à la démarche des puissances centrales, le 5 octobre, près du président Wilson.

Nos ennemis prient le grand ami et « associé » de l'Entente d'intervenir près d'elle, dans le but de faire cesser les hostilités. Ils sont disposés à accepter une paix — ils le précisent encore le 12 octobre basée sur les quatorze propositions énoncées antérieurement par le chef de l'Union américaine.

Ils présentent cette requête (sans l'avouer) à l'instigation formelle du général Ludendorff qui sait perdue la formidable partie. Puisque les armées impériales ne tiennent pas derrière un rempart « inexpugnable », comment soutiendraient-elles le choc en rase campagne ?

Par une prompte et apparente soumission l'Empire allemand peut tenter, au contraire, de prévenir l'inéluctable désastre et de sauver un minimum de gains et de rapts anciens et récents.

Le commandement ennemi n'obtiendra-t-il pas ainsi une trêve, qui lui permettrait d'effectuer en bon ordre cette retraite forcée dont les attaques des Alliés peuvent faire une effroyable débâcle ?

La démarche pacifique n'affaiblira-t-elle pas la coalition qui étreint, qui écrase l'Allemagne ? en soulevant les partis socialistes contre les gouvernements alliés ? ou même en divisant les gouvernements d'Europe et celui d'Amérique ?

Mais les Alliés sont unanimes à ne voir dans la requête des Empires centraux que l'aveu public, éclatant, de l'épuisement des armées impériales. Cette démarche marque, pour l'Allemagne, le commencement de la défaite. Elle est le résultat, la récompense, du splendide effort de nos soldats depuis le 10 septembre, depuis le.18 juillet, depuis 40 mois!

Au même moment d'ailleurs, faute de pouvoir leur porter secours, l'Empire allemand laisse capituler la Bulgarie, tomber la Turquie. En même temps que lui-même court à l'abime, ses vassaux sombrent...

CHAPITRE II

La Défaite des Alliés de l'Allemagne.

I. — LES FRANÇAIS AUX BALKANS. — LE DÉSASTRE BULGARE. — L'ARMISTICE DU 30 SEPTEMBRE.

En quelques semaines, le maréchal Foch avait rompu le front impérial, jeté l'Empire allemand dans le désarroi. Que ne pourrait-on attendre de vigoureuses attaques contre les Alliés du kaiser, la Bulgarie, la Turquie, l'Autriche, dont la volonté de combattre et les forces réelles étaient bien moindres et déjà très atteintes ?

La guerre ne cesserait-elle point d'abord où elle avait éclaté, en Orient ? L'Allemagne, si glorieuse naguère d'avoir conquis les routes de l'Asie, n'avait-elle pas renoncé à soutenir la lutte sur ces fronts lointains, puisque, dès l'été, elle en avait rappelé la plupart de ses troupes ?

L'armée bulgare était là-bas le meilleur soutien de la domination germanique : c'est elle qui offrait le plus de cohésion et de solidité, et c'est elle qui assurait la liaison entre l'Autriche-Hongrie, fidèle second de Berlin, et la Turquie. Cette armée battue, l'Entente serait maitresse de l'Europe centrale et orientale.

Telle était la pensée du Gouvernement français, exactement renseigné par les commandants successifs des armées alliées aux Balkans, le général Guillaumat, puis le général Franchet d'Esperey. Mais il ne pouvait décider seul de l'offensive. L'agrément des Gouvernements anglais et italien était nécessaire. Or, à Londres comme à Rome, les dirigeants appréhendaient des succès secondaires, dont l'obtention exigerait des efforts disproportionnés et aggraverait ce dont l'Entente avait tant souffert, la dispersion des efforts. M. Clemenceau leur envoya (début septembre) le général Guillaumat, qui sut emporter leur conviction… et leur adhésion.

*
* *

Le gouvernement bulgare prévoyait, depuis plusieurs semaines, une action des Alliés. Il avait donc regroupé ses troupes et formé une réserve d'une cinquantaine de bataillons.

Les forces ennemies, au front balkanique, égalaient 330 bataillons — soit la valeur d'environ 36 divisions — dont plus des 5/6 bulgares et le reste autrichien.

Les Allemands, qui avaient en février 1918 dix-sept bataillons près de l'armée bulgare, n'en comptaient plus que 3. Ce retrait avait d'ailleurs été compensé et fort au delà, par le doublement des forces autrichiennes et l'addition d'une trentaine de bataillons bulgares, venus du front russo-roumain.

Mais 36 divisions, dont 50 bataillons de réserve, ce n'est point excessif pour un front qui mesure près de 300 kilomètres, plus une centaine de kilomètres en Albanie, au total 400 kilomètres.

Le matériel aligné contre les Alliés aux Balkans est, en septembre, important sans être comparable en densité à celui du front de France. De l'Albanie à la côte de l'Egée, l'ennemi dispose d'environ 1.300 pièces dont 250 pièces lourdes, placées en densité croissante de l'ouest à l'est : soit une ou deux pièces par kilomètre dans la région du lac d'Ochrida, 7 pièces par kilomètre dans la région Monastir-boucle de la Cerna, rive droite du Vardar, et 12 dans le secteur Vardar-Doiran.

Ainsi formée et outillée, l'armée bulgare est pourvue d'un commandement allemand. Elle est placée, du Vardar aux grands lacs, sous les ordres de von Steuben. Et elle est mise, dans son ensemble, sous la direction du général von Scholtz qui, résidant à Uskub, est comme le conseil du généralissime bulgare Savoff.

C'est donc à des forces à tous égards très sérieuses que se heurte notre offensive en Serbie. Mais ces troupes avaient depuis des mois perdu leur esprit offensif. Les Allemands les avaient révoltées par un excès d'exigences et d'exactions ; elles avaient l'impression de servir une cause qui leur était étrangère. La Turquie ne revendiquait-elle pas une partie de la Dobroudja et du bassin de la Maritza (celle-ci perdue par elle lors de la récente guerre turco-bulgare) avec l'assentiment tacite du gouvernement allemand ? L'armée bulgare se découragea encore, quand elle vit s'éloigner les bataillons allemands ; elle fournit de nombreux déserteurs.

En présence de cette armée déclinante, le Gouvernement et le commandement français n'avaient cessé de développer les forces alliées en Orient.

Ils donnaient l'exemple à l'Entente en entretenant en Macédoine les effectifs de huit divisions françaises, effort considérable, téméraire même, si l'on songe à l'infériorité numérique des unités de combat alliées sur le front de France dans le premier semestre 1918.

C'est la France qui avait sauvé l'armée serbe, après le désastre de 1915, qui l'avait reconstituée par les soins d'une mission militaire et dotée d'un matériel d'artillerie moderne (155 court Schneider). En l'été 1918, elle la renforça par l'appoint de contingents yougo-slaves, transportés de Vladivostoc et d'Arkhangel. De sorte que cette armée comptait désormais 6 divisions, éminemment propres par leur connaissance du pays, par leur accoutumance à la marche, par leur sobriété, à la guerre de mouvement en ces régions tourmentées.

C'est encore la France qui — après l'abdication forcée du roi Constantin et le retour au pouvoir de M. Venizelos, en l'été 1917 — veilla à la formation de la nouvelle armée grecque. Une mission militaire française en dirigea, sur place, l'organisation et l'instruction. En septembre 1918, neuf divisions helléniques étaient en état de relever aux tranchées des troupes aguerries, qu'il était possible de former en masse de manœuvre.

Enfin c'est le commandement français qui, méthodiquement, accomplissait la vaste préparation — matérielle et morale — que nécessitait l'offensive : création de réseaux routiers et de gites d'étapes, de réseaux de voies étroites et de dépôts, réunion de moyens muletiers pour le transport de troupes et d'outillage, l'approvisionnement en munitions, le ravitaillement ; perfectionnement de l'armement des troupes ; entrainement des cadres et des hommes, enfin, plan d'offensive.

« Ce plan d'opérations, est-il précisé dans un document officiel, est de conception hardie : rompre le front ennemi dans la région montagneuse entre Cerna et Vardar par des troupes bien instruites et bien appuyées d'artillerie (éléments français), lancer dans la brèche des troupes rustiques, habituées à la guerre de montagne, susceptibles de supporter de sérieuses difficultés de ravitaillement (éléments serbes) ; organiser ailleurs de puissantes diversions, qui empêcheraient l'adversaire de se dégager et qui exploiteraient le succès (éléments anglais et helléniques dans la région du Vardar, français, italiens et helléniques dans celle de Monastir). »

*
* *

Le Gouvernement et le commandement français avaient décidé et préparé l'offensive; nos soldats en assurèrent le succès. C'est à eux, en effet, qu'incomba la tâche entre toutes redoutable et glorieuse : rompre le front ennemi, faire la brèche par où s'élanceraient les divisions serbes, impatientes de libérer leur pays !

Le général Franchet d'Esperey voulut que toutes les conditions fussent rassemblées — et la première d'entre elles la surprise — pour que cette héroïque entreprise réussit. Il choisit, à l'est de la Cerna, le point d'attaque en l'un des massifs de Macédoine les mieux hérissés de défenses naturelles, où les Bulgares, retranchés au haut de montagnes abruptes, ne pussent prévoir une irruption de nos troupes. Il fit hisser 600 bouches à feu à près de 2.000 mètres d'altitude, au moyen d'une route pour tracteurs automobiles, exécutée aussi rapidement que secrètement. Et le 15 septembre, sur un front initial d'une quinzaine de kilomètres, il lança à l'assaut deux divisions françaises, la 122e division d'infanterie et la 17e division coloniale, soutenues par la division serbe Choumadia.

Les Bulgares se battirent avec un acharnement désespéré. Par des contre-attaques furieuses ils refoulèrent maintes fois nos avances et nous infligèrent des pertes très sensibles. Nos soldats revinrent obstinément à l'assaut. Tard dans la nuit, ils étaient maitres du Sokol, du Dobropolié, du Vetrenik. Le lendemain, le massif de Koziak, deuxième position ennemie, point culminant de la région, était enlevé, le front bulgare percé.

Cette brèche initiale était aussitôt élargie : à l'est, la 16e division coloniale enlevait Zborsko et progressait dans le formidable massif de la Dzena ; à l'ouest, la 11e division coloniale et la 1re armée serbe s'emparaient des passages de la Cerna, tandis qu'au nord-ouest et au nord de Monastir nos 30e, 57e, 76' et 156e divisions, par de violentes attaques, fixaient l'armée bulgare, dite « XIe armée allemande ».

Dès le 18 septembre, l'armée anglaise et des divisions helléniques se livraient à une vigoureuse action dans le secteur Vardar - lac Doiran, le mieux pourvu par l'ennemi de pièces de tout calibre. Ils se heurtèrent à une résistance « énergique et bien conduite », mais immobilisèrent une grosse part des forces ennemies.

L'exploitation du succès fut d'une hardiesse et d'une rapidité remarquables. Elle incombait aux forces serbes, secondées par des éléments français. Ni les difficultés extraordinaires d'une avance de l'artillerie, à travers de hautes montagnes et des gorges profondes, ni les étendues inhabitées, sans route, ni l'insuffisance du ravitaillement, ni le manque d'eau ne purent ralentir l'élan des Alliés. En six jours, la 11e armée serbe atteint, à l'est, le Vardar, coupe la grande voie ferrée Uskub-Salonique qui alimentait tout le centre bulgare, divise en deux les forces de la Bulgarie.

A l'ouest, les détachements français (chasseurs d'Afrique, et spahis marocains, appuyés par une brigade coloniale), entrent à Prilep (23), à Velès, enlèvent de haute lutte Uskub (29), capitale de la vieille Serbie, jonction des lignes sur Salonique à l'est, sur Ochrida à l'ouest.

Les forces bulgares fixées au nord de Monastir se trouvent isolées. L'armée française d'Orient, général Henrys, maintenant sa gauche en face d'elles, accomplit un large mouvement de conversion vers l'ouest et rejette sur les montagnes d'Albanie les restes de la XIe armée bulgaro-allemande, dont la plupart, cernés dans les défilés de Kicevo, Brod et Kalkandelen, devront se rendre.

Enfin l'armée anglo-hellénique, appuyée à l'ouest par la 16e division coloniale française, forçait la formidable barrière du Bélès et pénétrait par Kostourino en Bulgarie.

La défaite bulgare se transformait en débâcle. Le communiqué officiel de l'armée d'Orient du 23 septembre présente un tableau expressif de cette dispersion des troupes ennemies.

Sur les routes de la région Monastir-Kicevo-Prilep, les colonnes ennemies refluent dans un désordre indescriptible, mitraillées et bombardées sans répit par les aviateurs alliés. De nombreux villages et dépôts sont en flammes. Des prisonniers, des canons et une énorme quantité de matériel de guerre, dont le dénombrement n'a pu être fait, sont encore tombés entre nos mains. Nous avons, en particulier, capturé sur la voie ferrée du Vardar, des locomotives, trois trains complets et deux pièces à longue portée sur trucks. En maints endroits, des éléments bulgares démoralisés se sont débandés en jetant leurs armes. Aux dernières nouvelles, la progression continue sur tout le front d'attaque.

L'offensive du 15 septembre, élargie en quelques jours sur un front de 150 kilomètres, avait refoulé, culbuté les deux tiers des forces bulgares ; elle les avait décimées, capturées, privées de ravitaillement par une mainmise rapide sur les voies de communication, coupées en deux tronçons par la prise d'Uskub.

Le commandement bulgare n'avait plus de réserves. La nation, épuisée, se refusait à prolonger une guerre sans issue.

Vainement l'Allemagne, l'Autriche-Hongrie promettaient-elles, à la dernière heure, des renforts importants : elles étaient hors d'état de les fournir. Et la Bulgarie ne l'ignorait point. L'Allemagne ne possédait, en Roumanie et à ses confins, qu'un minimum insuffisant de troupes âgées, à effectifs réduits, démunies de matériel, sans valeur offensive. Sur le front de France, elle n'avait pas assez d'unités de combat pour contenir l'élan victorieux des armées de l'Entente. L'Autriche-Hongrie ne disposait de forces véritables que sur le front italien où elles étaient immobilisées. A grand'peine et non sans quelque délai les deux puissances germaniques pourraient-elles envoyer 5 à 6 divisions médiocres aux Balkans; renforts incapables d'arrêter l'irruption des armées de l'Entente en Bulgarie.

En présence de ce défaut de moyens de résistance, redoutant les implacables représailles que les Serbes, les Grecs pouvaient être tentés d'exercer sur son sol, la Bulgarie s'incline.

Dès le 26 septembre, elle demande un armistice. Le général Franchet d'Esperey, autorisé par les puissances alliées, le lui accorde le 29.

Cet acte met à la merci de l'Entente le principal allié de l'Allemagne en Orient; la XIe armée, dite allemande, avec ses états-majors recrutés effectivement à Berlin, doit achever sa reddition ; les autres armées de la Bulgarie seront démobilisées ; l'armée alliée d'Orient a le droit d'occuper des points stratégiques, des voies ferrées, des ports en Bulgarie et tous les territoires envahis par les divisions du tsar Ferdinand.

En deux semaines, Français, Serbes et alliés avaient capturé 90.000 prisonniers dont 1.600 officiers parmi lesquels 6 généraux, 2.000 canons, des centaines de minenwerfer et de mitrailleuses et un énorme matériel de guerre (plus de 1.600 wagons, de 200 locomotives Decauville, etc.).

Par delà la Bulgarie, c'est l'Allemagne qui est gravement atteinte : la coalition germanique s'effondre !

II. — LA TURQUIE IMPUISSANTE. — LES FRANÇAIS EN SYRIE. — LA VICTOIRE DU GÉNÉRAL ALLENBY.

La capitulation de la Bulgarie, le libre passage accordé sur son sol aux troupes alliées marquaient l'isolement — et la fin imminente — de l'Empire ottoman. Le général Franchet d'Esperey n'eut à accomplir contre cette puissance déchue qu'une démonstration. Car, à ce moment, d'autres opérations militaires enlevaient au gouvernement de Constantinople ses derniers moyens de défense.

L'armée turque était loin de présenter, en septembre 1918, la même solidité que l'armée bulgare. Elle comprenait encore une quarantaine de divisions, mais à effectifs réduits, mal équipées, mal outillées. Et son dégoût de la guerre, son aversion à l'égard de la tyrannie allemande l'emportaient encore sur les sentiments pareils, dont témoignaient les Bulgares.

Le nouveau sultan Mohamed VI (depuis août 1918) et les ministres qu'il avait désignés semblaient moins acquis à la cause de Berlin, que le gouvernement précédent.

Les Britanniques occupaient toujours, en l'été 1918, une partie de la Palestine (la région de Jérusalem) et une partie de la Mésopotamie (la région de Bagdad). Se sentant incapables de les reconquérir, jugeant les Anglais absorbés par leur grand effort sur le front de France, les Turcs semblaient se désintéresser du front d'Asie-Mineure.

Une proie facile et tentante, en effet, s'offrait à eux, en laquelle ils découvraient une compensation à saisir : la province persique de Tabriz — et la Transcaucasie ; en ces contrées, ils ne se heurtaient qu'à des populations divisées, affaiblies, sans protection militaire — et aux faibles détachements que pouvaient y aventurer et ravitailler les troupes anglaises de Mésopotamie.

Les Turcs convoitaient surtout Bakou, centre du pétrole, des voies ferrées de Transcaucasie, des transports en Caspienne, des communications avec l'Asie centrale. Bakou leur était disputé par les gouvernements de Moscou et de Berlin — qui s'en étaient partagé les ressources dans la convention annexe du traité de Brest-Litovsk (27 août) : mais l'un et l'autre étaient, en septembre, sans forces en cette région lointaine.

Profitant de leur supériorité numérique sur des fractions adverses composites (arméniens, soldats russes, faible renfort anglais, etc.), les Turcs prirent Bakou (14 septembre) et y exécutèrent aussitôt un massacre et un pillage général.

Ce n'était point un succès militaire ; mais c'était incontestablement pour eux un grand succès politique et économique.

L'Entente ne pouvait tolérer qu'un ennemi reprît ainsi du prestige en Orient. L'Angleterre voulait une riposte éclatante : d'où l'offensive du 18 septembre en Mésopotamie, résolue et préparée depuis quelque temps déjà.

Le front anglais s'étendait au nord du Nahr-el-Auja en direction N.O.-S.E. de la Méditerranée à la Mer Morte. Le plan du général Allenby, dont on a dit « qu'il était aussi audacieux dans la conception que minutieux dans la préparation » consistait à inquiéter les Turcs, par une forte diversion, dans la vallée du Jourdain, à les percer dans la plaine côtière, à lancer par cette brèche trois divisions de cavalerie vers le nord, à rabattre ces forces vers l'est, sur les arrières de l'ennemi, pour lui couper toutes communications.

Les opérations initiales, au delà du Jourdain, furent exécutées par un détachement de troupes arabes du roi du Hedjaz sous le commandement de l'émir Feysal qui réussit à atteindre le sud de Dérat et à y couper la voie ferrée Damas-Médine. Les Anglais enfoncèrent brillamment, à l'ouest, les lignes ottomanes. Et leur cavalerie, soutenue par des unités navales, se porta, par le littoral, sur la transversale Dérat — port de Haïffa, et la coupa à El-Fuleh. Elle gagna de là Nazareth et les bords du lac Tibériade. L'infanterie britannique, faisant alors face à l'est, repoussa vers le Jourdain toutes les troupes ottomanes, ainsi prises dans un vaste filet : 25.000 prisonniers, 260 canons étaient dénombrés dès le 22 septembre.

Le détachement français eut, dans cette offensive, un rôle plus important que son effectif ne permettait de l'espérer. Il était formé, en effet, d'une seule brigade mixte, franco-arménienne, et d'un régiment de cavalerie, sous les ordres du colonel de Piépape.

Il se trouvait, le 18 septembre, en face du mont Ararat, véritable forteresse, organisée et défendue par trois bataillons allemands, dont les observatoires commandaient tout le secteur d'attaque. Il avait pour mission de s'emparer d'abord de deux collines — Three Bushes et Scurry — d'où l'ennemi pouvait voir et gêner les mouvements de nos Alliés — puis d'attendre l'avance britannique pour progresser en liaison, tout en maintenant ses fractions de droite au saillant de Rafat, pivot de la manœuvre.

Le 19 septembre, à 4 h. 30, il enleva les deux collines avec la plus belle intrépidité. Il organisa, sous les obus et les feux de mitrailleuses, le terrain conquis — tandis que la garnison du saillant de Rafat subissait un bombardement meurtrier par batteries lourdes.

L'après-midi, la gauche française, épaulée aux forces anglaises, reprenait l'attaque. Mais l'ennemi, puissamment protégé par des pentes rocheuses, par des retranchements et par une abondante artillerie, tenait obstinément le sommet de l'Ararat. Les Français exécutèrent un mouvement débordant par la gauche. Menacée, la garnison allemande profita de la nuit pour déguerpir. Le lendemain, le détachement français entier se jeta à la poursuite des vaincus. Il captura 212 prisonniers, dont l'état-major d'un régiment turc, et un nombreux matériel.

Le régiment de cavalerie française faisait partie de la masse de cavalerie chargée, la trouée faite, de la manœuvre enveloppante. Il reçut l'ordre d'enlever Tul Keram, nœud de communications, que défendait une garnison turque pourvue de canons et de mitrailleuses. L'habileté, la rapidité de ses mouvements firent qu'il entra dans cette ville et s'y empara de 1.800 hommes, 16 canons, de camions automobiles, etc...

Il arrive sous Naplouse. Nos alliés sont arrêtés devant les jardins de la ville, par des barrages de feux de mitrailleuses et quelques obus. Nos escadrons s'élancent ; le premier traverse la ville ; les deux autres suivent, sabrant mitrailleurs et canonniers, ennemis. Par la soudaineté de cette charge, ils prennent 600 hommes, 2 canons, des mitrailleuses !

Quels beaux élans de « furie française », propres à rappeler les exploits qui, depuis les Croisades, ont illustré le nom français en Terre sainte !

L'armée turque ainsi détruite, les Britanniques poursuivirent sans difficultés l'occupation totale de la Palestine, de la Syrie, puis de la Mésopotamie. Ils entrèrent à Damas le 30 septembre, à Tyr le 5 octobre. La division navale française de Syrie prit possession, le 7 octobre, du port de Beyrouth. Le 26 octobre, Alep (à 300 kilomètres environ nord de Damas) — d'où le général Liman von Sanders s'était enfui la veille — tombait aux mains des Alliés, qui achevaient ainsi la libération des territoires arabes.

L'Empire turc perdait la moitié de ses vastes possessions et les plus opulentes. Les quelques troupes qui lui restaient se trouvaient engagées, sans moyens de retour, au Caucase et en Perse. Il n'avait que de faibles détachements en Cilicie — et quatre divisions pour couvrir son territoire européen, Constantinople et les détroits !

Le gouvernement ottoman était contraint de s'en remettre à la générosité de l'Entente !

Aussi, peu après, chargea-t-il le général anglais Townshend, fait prisonnier naguère à Kut-el-Amara, de demander un armistice aux Alliés. Cet acte fut signé le 31 octobre : il équivalait à une capitulation totale de la Turquie. Il comporte, en effet, l'ouverture des Dardanelles et du Bosphore et le libre accès de la Mer Noire, l'occupation par les Alliés des forts des détroits ; l'occupation par les Alliés, s'il y a lieu, des points stratégiques ; l'occupation du système de tunnels du Taurus ; l'occupation de Bakou, le grand centre pétrolifère ; la reddition des garnisons du Hedjaz, Assir, Yémen, Syrie, Mésopotamie, Tripolitaine et Cyrénaïque ; la reddition des bâtiments de guerre actuellement dans les eaux turques ; le contrôle par les Alliés des chemins de fer, ports, câbles, stations de télégraphie sans fil et du ravitaillement ; la remise à l'Entente des prisonniers de guerre alliés et des Arméniens internés ; la démobilisation immédiate de l'armée turque ; la rupture de toutes relations entre la Turquie et les puissances centrales.

C'est la consécration des magnifiques victoires des armées du général Franchet d'Esperey aux Balkans, des armées britanniques en Palestine, en Syrie et en Mésopotamie, et surtout de la supériorité militaire incontestée de l'Entente sur la coalition germanique.

C'est la perte de l'Orient pour l'Allemagne qui, depuis de longues années, considérait l'Empire ottoman comme inexorablement soumis à l'exploitation germanique.

C'est la faculté pour l'Entente de reprendre contact avec l'ancien Empire des Tsars, avec l'Ukraine, la Crimée, avec les troupes anti-bolchevistes du Don et du Caucase.

C'est avant tout la possibilité pour elle de consacrer toutes ses forces à l'écrasement de l'Allemagne.

*
* *

III. — L'EFFONDREMENT DE L'AUTRICHE-HONGRIE. — LA LIBÉRATION DE LA SERBIE. — L'OFFENSIVE D'ITALIE. — LES FRANÇAIS AU DANUBE ET AUX ALPES. — L'ARMISTICE DU 3 NOVEMBRE.

La Bulgarie étant en notre possession, et la Turquie abattue, l'armée alliée d'Orient se trouve, dès le début d'octobre, en mesure de se tourner contre l'Autriche-Hongrie, seule désormais à maintenir sous le joug l'Albanie et la Serbie.

Les Etats de Charles I-IV sont déjà en pleine dislocation. Il y règne une demi-famine, qui ôte aux populations germaniques elles-mêmes toute faculté de résistance. Et une sourde révolte dresse contre le pouvoir central les peuples slaves, impatients d'affranchissement. L'Empereur-roi paraît hors d'état de rassembler de nouvelles forces.

Le général Franchet d'Esperey pousse les opérations avec la plus énergique rapidité. Il fait avancer ses troupes à l'ouest en Albanie, au delà de Dibra; au centre, en vieille Serbie, vers Mitrovitza et plus à l'est vers Nich pour atteindre la grande artère Berlin, Vienne, Sofia, Constantinople. Dans ces trois directions, il emporte de nouveaux succès. A Dibra, à Kacanik, à Vranié des détachements autrichiens sont bousculés ; des prisonniers faits, du matériel capturé. En même temps, le détachement italien du littoral occupe Berat et pousse l'ennemi en retraite vers le nord de l'Albanie.

La ligne la plus courte où le commandement austro-hongrois peut chercher à nous arrêter relie l'Adriatique (sud du Monténégro) au Danube (vers Vidin). Elle mesure, comme l'ancien front balkanique, 400 kilomètres. Il est vrai qu'elle est ponctuée par des massifs montagneux impraticables et qu'il suffit d'y défendre les grandes voies d'accès, par lesquelles arrivent les armées alliées d'Orient.

Mais cette défense exige manifestement un minimum de 20 divisions. Or, les Autrichiens, n'ont, en y comprenant leurs plus récents renforts, que 4 divisions dans les Balkans ; ils peuvent, à la rigueur, en prélever encore 3 ou 4 sur le front italien. Comment trouver les 12 autres divisions indispensables ?

18 divisions autrichiennes demeurent fixées en Ukraine et en Roumanie ; elles n'ont aucune valeur offensive. Et leur départ marquerait vraisemblablement l'extension des hostilités jusqu'en Transylvanie !

L'Autriche-Hongrie est donc dans un état d'insuffisance militaire sans remède

Les Allemands ne sont pas moins impuissants. En hâte, ils ont envoyé 2 divisions, l'une de Courlande, l'autre (corps alpin) du front français pour défendre la plus importante de ces routes, celle de Nich, qui rejoint en cette ville le chemin de fer Berlin-Vienne-Budapest-Belgrade-Sofia-Constantinople : en vain.

Le général Franchet d'Esperey devance l'ennemi. Dès la mi-octobre, ses troupes atteignent la ligne Scutari-Vidin.

C'est la première armée serbe, éclairée par la cavalerie serbe et française, qui force le défilé de Leskovats, entre en contact, le 10, avec les renforts allemands, les repousse au cours d'un violent combat et, le 13, enlève Nich. A une trentaine de kilomètres plus à l'est, nos escadrons sont maîtres de la voie ferrée de Sofia à Bela-Palanka. En hâte, les Franco-Serbes se dirigent vers Paratchin et vers Kruchevatz.

Au centre, les Alliés occupent Prichtina ; la cavalerie française entre à Mitrovitza ; bientôt Novibazar nous appartient.

A l'ouest, nos unités légères, partant de Dibra, traquent des détachements austro-allemands, qui se sont jetés dans la montagne et délivrent Prizrend.

Sur le littoral de l'Adriatique, les Autrichiens poursuivent leur retraite vers le Monténégro, sous la pression de nos troupes et des Italiens, qui marchent sur Scutari.

La seconde quinzaine d'octobre marque la libération complète de la Serbie. Français et Serbes, n'emportant pour aller plus vite que des demi-rations, rivalisent d'héroïque ardeur, ne cessant de marcher et de se battre. Le 19, trente-quatre jours après le début de l'offensive des Balkans, la 76e division (française) surgit sur la rive du Danube, entre Vidin et Negotin. Elle contrôle la navigation, lance des reconnaissances sur la rive nord, en territoire roumain, disperse ou capture des convois allemands. L'ennemi avait désormais à couvrir, non seulement le front Adriatique — Portes de fer, mais encore tout le front du Danube jusqu'à la Mer Noire !

Les Austro-Allemands allaient-ils former au moins un centre de résistance au sud de Belgrade, pour empêcher les incursions alliées dans la plaine hongroise ?

Le soulèvement des populations indigènes, au fur et à mesure de notre avance, achève de les perdre. Serbes, Albanais, Monténégrins forment des bandes combattantes, qui secondent efficacement nos détachements. Un nombreux matériel de combat et de transport, d'importants approvisionnements sont pris aux impériaux en retraite. Le 29, la cavalerie serbe atteint la ligne Topola-Palanka, à 60 kilomètres de Belgrade. Les unités françaises qui surveillent le Danube, harcèlent, au sud d'Orsova, des éléments ennemis. Le 30, les Alliés approchent de Semendria. Le 1er octobre, la première armée serbe, « toujours au contact étroit de l'ennemi qu'elle tenait à la gorge, très souvent mal ravitaillée, mais ne connaissant ni la fatigue, ni la faim, poussée toujours plus avant par sa volonté de vaincre à tout prix », dit le communiqué, la première armée serbe avait l'honneur d'entrer à Belgrade !

La Serbie était libérée, la frontière de Bosnie franchie à l'ouest de Tchatchak, les frontières de Hongrie atteintes. Plus à l'ouest, les forces yougo-slaves étaient arrivées près de Podgoritza, au Monténégro. Cette merveilleuse campagne, qui fait le plus grand honneur aux troupes alliées du général Franchet d'Esperey, et qui portait la guerre sur un flanc de l'Empire d'Autriche-Hongrie complètement découvert, avait duré, depuis la rupture du front de Macédoine, quarante-cinq jours.

Elle était, il est vrai, il faut le rappeler, le couronnement de trois années de pénibles et patients efforts alliés aux Balkans. C'est la superbe revanche de nos armées d'Orient.

*
* *

La situation militaire est désastreuse pour l'Autriche-Hongrie : conséquence immédiate, la situation politique y devient tragique.

Les nationalités tchèque, yougo-slave, polonaise, signifient officiellement aux ministres de Charles I-IV leur sécession et leur indépendance.

L'Empereur-roi est abandonné par ses complices mêmes, les Hongrois, et n'est plus assuré de la fidélité des Autrichiens de race allemande.

Ses peuples le renient publiquement ou se détachent de lui. Il ne conserve comme soutien que l'armée.

Le lien militaire maintient encore dans les troupes impériales certaine adhésion apparente. Que peut valoir et durer cet ordre superficiel ? Voici longtemps que les unités austro-hongroises ont perdu tout esprit offensif, sont rongées même par la désertion. Ne sont-elles point exposées, désormais, à la plus grave désagrégation ?

Le gouvernement impérial et royal tente de prévenir la catastrophe. Par note du 27 octobre, rompant enfin avec l'Allemagne, il déclare adhérer sans réserve aux conditions de l'Entente. Trop tard ! Le président Wilson répond qu'il appartient aux nationalités de prononcer sur le statut et l'existence même de l'Autriche-Hongrie. Privé d'appui intérieur et extérieur, Charles I-IV n'a plus qu'à abdiquer.

*
* *

De l'ancienne Autriche-Hongrie, il ne reste, aux derniers jours d'octobre, qu'un élément commun : l'armée des Alpes. Une offensive, déclanchée sur le front d'Italie, va anéantir cette force dernière.

Fixé sur l'infériorité foncière des troupes austro-hongroises, le maréchal Foch réclamait instamment cette attaque : elle commença les 23, 24, 25 et 26 octobre par de vigoureuses démonstrations dans le secteur montagneux, entre Brenta et Piave. Les troupes françaises se distinguèrent, notamment au mont Sisemol, dans ces engagements qui donnèrent aux alliés près de 4.000 prisonniers.

Cette diversion faite, ordre fut émis, dans la nuit du 26 au 27 octobre, de conquérir des têtes de pont au delà du Piave. Parmi les unités, chargées de forcer le passage du fleuve, figurait, au poste d'honneur, la 23ᵉ division française. Elle se trouvait à l'extrême gauche de l'armée de combat, dans les parages où le Piave quitte la zone montagneuse pour s'élancer dans la plaine. Les eaux torrentueuses, longent là, à gauche, une véritable falaise à pic. L'ennemi avait couvert de fil de fer cette rive infranchissable et, des sommets voisins, tenait sous ses feux convergents tout le débouché du fleuve.

Un pont, jeté par nos soldats à 2 heures du matin, est bombardé et rompu à 6 heures. Néanmoins, le 107ᵉ régiment d'infanterie est passé. Il escalade la pente abrupte, cisaille les fils de fer sous une pluie d'obus. Position combien dangereuse ! En face, l'armée ennemie, au dos un fleuve infranchissable : ni renfort, ni retraite possible ! Nos soldats paient d'audace. Ils attaquent, ils progressent, ils font 219 prisonniers. La nuit venue, un deuxième pont est lancé... brisé par un obus et emporté par le courant, mais le 138ᵉ l'a franchi. Il élargit la tête de pont. Cette avant-garde française reste cependant fort aventurée : les troupes italiennes, à sa droite, n'ont pu gagner encore la rive ennemie. Enfin, dans la nuit du 29 au 30, un troisième pont, vite détruit, un quatrième pont sont établis. D'autres unités françaises, notre artillerie, le ravitaillement traversent le fleuve. La 23e division attaque, en remontant la rive est du Piave, en direction de Feltre. Le terrain, très montueux, se prête à une résistance pied à pied. Résolus à défendre la vallée, qui forme leur route de retraite, les Austro-Hongrois combattent avec ténacité. Ils sont battus. Ils se replient en désordre. Victorieuse, la division française cède à nos Alliés le soin de poursuivre l'ennemi.

Il importait d'étendre la défaite des Austro-Hongrois. La 24e division en secteur aux Hauts-Plateaux, fière de ses brillantes actions des jours précédents (au mont Sisemol), demande à attaquer. Le 1er novembre, elle part à l'assaut. Elle avance isolément, les troupes alliées étant, à ses côtés, arrêtées dès les débuts de l'opération. Elle s'obstine, elle se hasarde, sans artillerie, dans les lignes ennemies, d'autant plus fortes qu'elles utilisent un sol accidenté, coupé de ravins, de roches à pic; elle enlève le Mont Baldo (2 novembre). Victorieuse, elle s'efface devant les troupes italiennes, qui poursuivent l'ennemi, en retraite désordonnée sur tout le plateau nord d'Asiago ; de nombreux Autrichiens, 200 canons, dont des 305, voilà les prises qu'elle a faites de haute lutte, en 48 heures !

Passage du Piave, percée sur les Hauts-Plateaux, ces deux actions françaises, d'une témérité épique, préparent les opérations d'ensemble des jours suivants. La 8e armée italienne, général Caviglia, avait franchi le Piave entre le secteur du général français Graziani et le secteur du général anglais Lord Cavan. Le 29, elle occupait la région de Soligo et Conegliano. Le 30, la 3e armée italienne passait le fleuve entre les troupes de Lord Cavan et la mer : la poursuite des masses austro-hongroises commençait.

En montagne, une autre armée italienne, après des combats meurtriers au massif du Grappa (31 octobre), contraignait l'ennemi à un repli général.

Il ne faut point oublier que, le 31 octobre, avaient lieu à Prague, à Cracovie, à Agram, et même à Vienne et à Budapest, les révolutions nationales qui brisaient le sceptre des Habsbourg.

Pour quelle patrie combattait désormais l'armée impériale unitaire ?

Les premiers jours de novembre amènent ces événements mémorables : toute l'armée italienne se jetant sur l'envahisseur en retraite, le décimant, le capturant. Le 3 novembre, nos glorieux alliés passaient le Tagliamento et leur cavalerie entrait à Udine. Du plateau d'Asiago, leurs troupes parvenaient à Trente. Leur flotte débarquait un corps d'occupation à Trieste. L'Italie avait la récompense de sa méritoire adhésion à la cause de l'Entente, de quarante et un mois de remarquables efforts ; elle réalisait son rêve séculaire : l'unité nationale.

Il convient de la féliciter doublement, puisque ce grand résultat était dû à la persévérance, à la vaillance de son armée.

300.000 prisonniers, 5.000 canons, tel est le bilan de ces journées d'éclatante revanche.

L'Empire austro-hongrois n'existe plus, puisque, dernier élément fidèle à l'Empereur-roi, l'armée est dispersée, détruite.

L'armistice qui enregistre la défaite de la Double monarchie est signé le 3 au soir avec effet du lundi, 4 novembre, 15 heures. C'est toute l'Entente qui est pleinement victorieuse.

*
* *

La capitulation de l'Empire des Habsbourg, la fin de la coalition des puissances centrales rendaient inévitable la chute de l'Allemagne.

En février 1918, la paix de Brest-Litovsk marquait la perte pour l'Entente d'une armée russe de 3 millions de combattants assurée de réserves inépuisables ; la faculté pour l'Allemagne de jeter un million d'hommes de plus et un matériel considérable sur le front de France ; changements alarmants qui faisaient présager les plus dures épreuves !

Par un étonnant retour des choses, c'est l'inverse qui s'accomplit. L'Allemagne perd aux Alpes soixante et quelques divisions auxiliaires. Et déjà elle distingue, contre elle, la concentration formidable de toutes les forces de l'Entente.

En quelques semaines en effet, grâce à l'emploi des voies ferrées austro-hongroises (stipulé dans l'armistice) un demi-million d'hommes peut être jeté sur le front sud de l'Allemagne. Or, nos ennemis n'ont pas de forces disponibles à leur opposer !

Comme l'Autriche-Hongrie au 1er octobre, lors de l'armistice bulgare, l'Empire allemand a quelques brèves semaines pour se débattre, avant de se soumettre. Comme la Double monarchie à cette date récente, il a un flanc découvert et il n'a plus d'hommes pour le défendre !

L'envahisseur connaît à son tour la menace terrible de l'invasion ; il s'y ajoute le sentiment des sanctions encourues et, premier châtiment, un effrayant isolement.

Jamais peuple ne se trouva, plus justement, dans une situation plus affreuse.

La décision poursuivie depuis quatre ans par tant d'héroïques efforts, tant de sacrifices sans exemple, cette décision d'ores et déjà, est promise, acquise à la France et à l'Entente.

CHAPITRE III

La Retraite des Armées Impériales.

I. — LA MANOEUVRE DES AILES. — LE CENTRE ALLEMAND REJETÉ SUR LA " HUNDING STELLUNG " (8-14 octobre 1918) (1).

L'Allemagne — qui avait 5 millions d'hommes sous les armes et un matériel de combat colossal — assistait à l'écroulement de son alliance et de ses rêves de domination universelle, sans perdre l'espoir qu'elle pourrait encore, quant à elle, limiter le désastre. Qu'elle réussit à tenir en respect jusqu'aux grands froids les armées alliées, à passer l'hiver, quel événement imprévu, quelle découverte, quelle révolution surgirait peut-être, au printemps, de nature à modifier la face du monde ?

Mais il fallait, à tout prix, au général Ludendorff et à ses soldats, une trêve dans ce duel terrible, que leur livrait Foch et où, visiblement, ils faiblissaient chaque jour.

Or le maréchal asséna aux impériaux, vers le 8 octobre, deux coups décisifs, l'un dans le secteur ouest, entre St-Quentin et Cambrai, l'autre dans le secteur est, en Champagne. Aux deux points, le fameux rempart « Hindenburg » fut dépassé. A ses deux extrémités, le formidable bastion qu'était toujours le massif de Saint-Gobain était débordé !

Ludendorff dut prévoir la retraite de ses armées. Elle commença par échelons : l'échelon ouest partant le premier, le 9 octobre, l'échelon est se repliant le surlendemain, 11, l'échelon du centre se rejetant en hâte en arrière le 13.

*
* *

L'aile ouest des Alliés, formée toujours des Britanniques, en liaison à droite avec l'armée Debeney, se jette à l'assaut le

---

(1) Voir note page 73.

8 octobre, par une pluie battante, entre Saint-Quentin et Cambrai, sur un front d'environ 35 kilomètres. Les 3e et 4e armées anglaises ont affaire à vingt divisions ennemies : les mitrailleuses allemandes sont aussi nombreuses qu'actives : quelques tanks appuient les contre-attaques des impériaux. Américains, Gallois et autres enlèvent néanmoins Villers-Outréaux, Malincourt ; les impériaux sont enfoncés, ils perdent 10.000 prisonniers et 100 canons. Les Anglais atteignent, à 20 kilomètres à l'est de Cambrai, la ligne de la Selle. Ils élargissent ensuite leur avance au nord et entrent le 13 dans les faubourgs de Douai.

A leur droite, l'armée Debeney s'acquitte, avec une hardiesse pareille, de sa tâche propre. Les 8 et 9 elle s'élance avec l'absolue volonté de culbuter l'ennemi, quelle que soit son obstination à tenir sur la brèche déjà pratiquée. Elle y parvient. L'armée allemande décimée recule ; le 9 elle se dérobe à 8 kil. à l'est de Saint-Quentin, laissant en nos mains 2.000 prisonniers et nombre de canons et de mitrailleuses. Nous atteignons l'Oise en direction de Ribémont et de Guise.

*
* *

A l'est, le maréchal Foch exerçait une pression non moins impérieuse, pour obliger l'ennemi à se replier. Loin de se ralentir, l'effort de l'armée Gouraud s'intensifiait.

Vainement l'ennemi contre-attaquait-il avec force les 8 et 9 octobre : chaque jour, il perdait du terrain. Le 10, nous entrions aux faubourgs sud de Grandpré-en-Argonne, et les vaillantes troupes américaines nous rejoignaient à Challerange et à Mont Saint-Martin, à 10 kil. au sud de Vouziers. Nous élargissions nos têtes de pont, plus à l'ouest, sur l'Arnes et sur la Suippe. Nous usions terriblement les forces adverses.

Aussi le 11 octobre, en présence de ces âpres attaques et de ces avances incessantes, redoutant un coup plus violent et une défaite, le commandement impérial prescrivit-il sur un front de 60 kil. une profonde retraite.

« Précédée par la cavalerie talonnant les arrière-gardes ennemies, précise le communiqué français de ce jour, notre infanterie, surmontant la résistance des mitrailleuses chargées de retarder sa marche, a réalisé dans le courant de la journée une avance qui atteint, en certains points, dix kilomètres de profondeur, faisant des prisonniers et capturant du matériel. »

En fait, nos troupes firent un bond de la Suippe et de l'Arnes jusqu'à la Retourne (parvenant à l'est à 3 kil. de Vouziers).

Le lendemain, 12 octobre, nos soldats entraient dans Vouziers. Le communiqué déclarait :

« La bataille engagée en Champagne le 26 septembre s'est terminée, après dix-sept jours de combat, par une défaite complète de l'ennemi.

« La 4ᵉ armée a achevé de libérer la boucle de l'Aisne en réoccupant aujourd'hui 36 localités où plusieurs milliers de civils ont été délivrés du joug qu'ils subissaient depuis 1914.

« Le chiffre total des prisonniers faits par cette seule armée depuis le début de l'offensive de Champagne s'élève à 21.567 dont 499 officiers. Elle a capturé en outre plus de 600 canons, 3.500 mitrailleuses et 200 lance-mines, plusieurs centaines de wagons et une grande quantité de munitions et de matériel de tout genre. »

Seule tenait encore la ligne ennemie de la Meuse à Grandpré, face aux Américains. Le commandement ennemi y envoyait division sur division pour maintenir, à tout prix, le pivot de la retraite allemande. Inlassables, les Américains renouvelaient les plus âpres attaques, — ainsi le 14 octobre — infligeant aux impériaux des pertes graves,

* * *

La victoire britannique de Saint-Quentin-Cambrai, la victoire française de Champagne donnaient ce résultat commun : que le massif du Laonnois était complètement débordé. L'ennemi n'attendit point que sa situation devînt par trop alarmante en ce saillant pour l'évacuer.

Dès le 10 octobre, il amorça sa retraite entre l'Ailette et l'Aisne par un repli à l'est du canal de l'Oise. Le 11, un détachement italien, avançant hardiment, atteignit, au sud de Courtecon, le Chemin des Dames. Le 12 nous avions nettoyé le célèbre plateau jusqu'à l'Ailette. Le 13, les glorieux soldats du général Mangin entraient à Laon, où les habitants les recevaient avec un enthousiasme indicible. Enthousiasme combien justifié ! L'ennemi avait fait du massif de Saint-Gobain, à une centaine de kil. de Paris, un bastion inexpugnable et comme le soutien de toute son occupation en France ! Sa chute, par une double manœuvre débordante, présageait l'expulsion de l'envahisseur hors de nos frontières.

L'ennemi s'accroche cependant à une ligne de résistance assez forte qui suit, du nord au sud, la Selle et l'Oise et tourne, de l'est à l'ouest, par une série de positions fortifiés, la « Hunding-Stellung » marquée par le cours de la Serre, la ville de Sissonne, Château-Porcien et l'Aisne supérieure.

Mais déjà, ces défenses, qui dessinent au confluent de l'Oise et de la Serre une pointe très avancée, sont percées en plusieurs points : entre Serre et Aisne, où aucune rivière n'arrête les chars d'assaut, les troupes franco-italiennes ont enlevé Sissonne et sont aux abords nord-ouest de Nizy-le-Comte ; à l'Aisne, notre infanterie, appuyée par l'artillerie, a forcé de haute lutte le passage, enlevé Belham et Gomont ; une de nos divisions a également franchi la rivière plus à l'est, à Harpy, à 4 kil. de Château-Porcien.

L'ennemi sera donc contraint à brève échéance de se replier de l'Aisne moyenne sur la vallée supérieure de la Serre. Mais là non plus, il ne sera point en sûreté. Cette ligne est déjà débordée à l'ouest par les Britanniques, qui ont des têtes de pont sur la rive est de la Selle et par les Français, qui ont une brigade sur la rive est de l'Oise, en amont du confluent de la Serre, à Mont-d'Origny.

En réalité le général Ludendorff ne peut tenter de reformer un front résistant que sur la ligne fortifiée, rectiligne, qu'il a fait aménager le long et en deçà de nos frontières, et que ponctuent les villes de Lille, Valenciennes, Maubeuge, Hirson, Charleville, Mézières, Montmédy et Metz. La critique militaire allemande prépare l'opinion à une retraite générale des armées impériales jusqu'à ce nouveau rempart, qu'elle compare au fameux boulevard Hindenburg-Siegfried, complètement effondré !

Mais le maréchal Foch est le maître de la situation.

II.— LIBÉRATION DE LA FLANDRE ORIENTALE ET DE LA RÉGION LILLOISE (*14-18 octobre*).

Le 14 octobre, alors que les armées impériales, battues en France, rétrogradent vers nos frontières, couvertes par des barrages de feux de mitrailleuses, les forces belges, françaises, anglaises du roi Albert, dûment réapprovisionnées à travers les marécages reconquis de Dixmude et de Passchendaele, reprennent leur ardente offensive. — Il ne semble pas que notre commandement attendît alors un succès rapide, ni décisif.

La raison de cette sage réserve, c'était l'impossibilité de toute surprise, l'attention du commandement ennemi ayant été attirée sur nos projets en Flandre par l'attaque victorieuse du 28 septembre ; c'était l'importance de l'enjeu, l'ennemi devant, à tout prix, défendre le point d'appui occidental de sa ligne de repli Lille-Metz, les approches du grand carrefour de ses voies de communication (groupées entre les Ardennes et les Flandres) ; et l'Allemagne ne pouvant consentir au ralentissement de la guerre sous-marine, lié à la perte de la côte belge.

Or, il survint ce fait, que l'on ne se permettait point d'escompter : très vite le général Ludendorff refusa la bataille. Il se déroba, abandonnant le grand enjeu stratégique, renonçant pour son pays à ce gage magnifique : la possession du centre industriel de Lille-Roubaix-Tourcoing qu'habitaient avant la guerre près d'un million de Français, la possession de la province belge de Flandre occidentale.

Pourquoi le commandement impérial agit-il ainsi ? Parce qu'il ne possédait plus de réserves générales. Toutes ses divisions de combat se trouvant fixées sur les divers points du front, surtout au centre, par les incessantes et multiples attaques des Français et des Alliés, il n'avait plus de renforts disponibles pour alimenter la bataille dans le Nord. Dès que sa ligne fut enfoncée, il dut donc rompre le contact et prescrire le repli : son dessein évident étant de tâcher de raccourcir le front, pour retirer des unités de la mêlée et reconstituer des réserves.

En deux jours, les 14 et 15 octobre, les armées belge, française et britannique groupées sous le commandement du Roi des Belges atteignirent les abords de Thourout à l'ouest, de Lichtervelde au centre, de Courtrai au sud-est, recueillant plus de 12.000 prisonniers et plus de cent canons. C'est la dureté de ce coup qui décida l'adversaire à céder, puisqu'il ne pouvait faire face à la consommation de combattants qu'exigerait la bataille. Le 16, malgré une tempête, les Alliés progressèrent de 5 kilomètres enlevant Thourout, Lichtervelde, Ardoye, Menin et Courtrai. Le 17, l'ennemi se dérobait nettement, et nous avancions de 20 kilomètres sur un front de 50 kilomètres. Les Belges entraient dans Ostende, où la flotte britannique débarquait hardiment quelques troupes, Le 18, la 2e armée britannique, qui avait depuis deux jours forcé les passages du cours supérieur de la Lys, délivrait Roubaix et Tourcoing. Le 19, les Belges occupaient Bruges et Zeebruge. Une brigade française emportait de haute lutte la ville et les hauteurs de Thielt, où l'ennemi, utilisant des défenses naturelles, opposait une vigoureuse résistance afin de protéger son repli. Le nettoyage de la Flandre occidentale était achevé, la côte belge libérée, la progression alliée mesurait 50 kilomètres de profondeur sur un front de 60 kilomètres.

Le 20 octobre, les armées alliées, appuyées désormais au nord sur la frontière hollandaise, faisaient face à l'est ; Français et

Anglais franchissaient le cours moyen de la Lys et avançaient vers la grande ligne d'eau Escaut, canal de Terneuzen, où l'ennemi devait chercher à former un nouveau front défensif.

Au cours de cette profonde progression les Alliés capturaient encore nombre de prisonniers et quantité de matériel, notamment le gros canon de 350 qui tirait de Leugunboom sur Dunkerque et que l'ennemi, dans sa précipitation, abandonnait intact.

* * *

L'offensive du Roi des Belges avait, dès le 18 octobre, débordé par le nord le saillant de Lille. La 5ᵉ armée britannique, postée plus au sud, exerça aussitôt une vigoureuse pression sur la flanc méridional du saillant : il s'agissait pour elle de placer sous ses feux la voie ferrée Valenciennes-Lille. Car l'ennemi ne pouvait tenir notre grand centre populeux, avec une seule voie de secours, celle de Tournai, une fois sa ligne de rocade coupée à Courtrai au nord et à Valenciennes au sud.

En fait l'armée britannique du général Birdwood fit beaucoup mieux ; elle enleva, le 17 octobre, la ville de Lille. Elle prenait ainsi une magnifique revanche contre l'ennemi qui lui avait infligé la terrible meurtrissure du 21 mars.

C'est le lendemain 18 que la 2ᵉ armée britannique, général Plumer, placée sous le haut commandement du Roi des Belges, délivrait, comme nous l'avons vu, Roubaix et Tourcoing.

Le grand centre industriel de la France du Nord, le gage le plus important resté aux mains de l'ennemi (qui toutefois tient encore en octobre le bassin de Briey) était rendu à la patrie.

On sait combien, en ces circonstances mémorables, nos alliés surent unir à l'héroïsme la plus généreuse délicatesse, appelant les détachements français voisins pour pénétrer dans les villes reconquises, arborant aussitôt nos couleurs sur les beffrois municipaux, entourant d'égards et de soins les populations rendues à la patrie. De pareils gestes, qui décèlent chez les combattants britanniques, après quatre ans d'âpres batailles, le plus loyal attachement à notre pays, vont au cœur de la France.

III. — LES COMBATS SUR LA « HUNDING-STELLUNG ». — NOUVEAUX SUCCÈS AUX AILES. — LE FRONT AU 20 OCTOBRE.

Pendant que ces événements transformaient, au nord, l'immense champ de bataille, le centre allemand poursuivait sa retraite. L'armée Debeney et l'armée Mangin l'y contraignaient par de vigoureuses attaques.

Le 17 octobre, l'armée Debeney, exécutait une poussée particulièrement forte au nord-est de Saint-Quentin, exactement au sud de la forêt d'Andigny. Elle emportait le Petit Verly, Marchavenne, Hauteville, traversait l'Oise à Mont-d'Origny dont elle s'emparait. L'ennemi était nettement dominé, battu. Cédant sous la violence du choc, il perdait le lendemain les abords de Hannapes, du Grand Verly et de Noyal : partout, il était rejeté au delà de la Sambre et de l'Oise. Plus au sud, il abandonnait l'angle dessiné par l'Oise et la Serre et se retirait à 9 kilomètres en amont du confluent de ces rivières. Le 19 au soir, l'armée Debeney dénombrait, en sus de ce précieux gain territorial, accru encore par la prise de Ribémont, 3.000 prisonniers, 20 canons, un matériel important, dont un train de munitions, capturés en trois jours.

Le 19 octobre, c'est l'armée Mangin qui, sur le front de la Serre, déclenche une attaque, entre la région de Pouilly et les marais de Sissonne. Sur une étendue de 5 kilomètres, mentionne le communiqué du soir, la « Hunding Stellung » position puissamment organisée, comprenant deux lignes de tranchées, d'épais réseaux de fils de fer et de nombreux abris bétonnés, est entamée. Verneuil, Fay-le-Sec, Missy, un millier de prisonniers tombent en nos mains.

Entre les marais de Sissonne et Château-Porcien la lutte avait éclaté non moins vive : « la Hunding Stellung » était disputée ; 700 Allemands pris.

Ainsi, partout où ils subissaient l'assaut des troupes alliées, nos ennemis étaient refoulés. Ils ne pouvaient trouver ni fortifications ni ligne d'eau assez infranchissables pour les protéger.

Mais le recul du centre allemand allait être accéléré par une nouvelle et importante action de l'armée britannique.

*
* *

Les 17, 18 et 19 octobre, en même temps que l'armée Debeney rejetait l'ennemi au delà de l'Oise, les troupes britanniques et américaines du général Rawlinson réussissaient brillamment à culbuter sept divisions allemandes et à les refouler dans la région sud du Cateau au delà du canal de la Sambre.

Elles enlevaient d'abord la ligne de la Selle, affluent de l'Escaut, qui marquait alors le front. Puis progressant à l'est, elles occupaient, après de durs combats, Wassigny, Ribeauville, et parvenaient jusqu'au canal de la Sambre, de l'ouest de Ors à Oisy. L'importance de leur avance était marquée par la capture de 5.000 prisonniers et d'un certain nombre de canons.

En liaison avec ces troupes, opérant à leur gauche dans le secteur Le Cateau-Lille, d'autres unités britanniques montraient un élan pareil. Les 17-18 octobre, brisant la résistance des arrière-gardes ennemies sur la ligne du canal de la Haute-Deule, la première armée, général Horne, traversait Douai et progressait à l'est de cette ville. Le 19 elle pénétrait dans Denain. Le 20, à 2 heures du matin, sous une pluie battante, elle donnait l'assaut à la ligne de la Selle, de Denain au Cateau (cette ligne ayant été emportée au sud du Cateau les jours précédents, par la Ire armée, général Rawlinson). En deux jours de pénibles combats, les 20 et 21, elle enlevait cett ligne d'eau, prenait 3.000 prisonniers, des canons, progressait hardiment, s'emparait de Solesmes, portait ses avant-postes à la Sentinelle, faubourg de Valenciennes.

Le général Rawlinson portait ainsi un coup très grave en plein flanc du centre allemand. Il débordait largement les divisions ennemies maintenues devant l'armée du général Debeney. Qu'il accentue sa pointe audacieuse, il menacera les voies de communication et de retraite des troupes allemandes attardées au sud de la Serre devant le secteur du général Mangin.

Il y a là une manœuvre, qui, si elle peut recevoir son achèvement, est appelée à donner de grands résultats stratégiques.

****

A l'est, dans la région de la haute Aisne et de la Meuse, les combats demeurent extrêmement disputés.

L'ennemi doit à tout prix, en effet, assurer là un point d'appui, un pivot, à son centre en retraite.

Néanmoins, l'armée Gouraud a réalisé des gains appréciables : Termes, Olizy, à l'ouest de Grandpré et 1.800 prisonniers le 15 octobre, Vandy le 18 octobre, Chestres à l'est de Vouziers, 10 canons le 19 octobre, Landrecies et Falaises, 20 canons le 20 octobre.

De leur côté, entre Aisne et Meuse, les Américains n'ont cessé de soutenir des combats opiniâtres, ils ont réalisé une progression dans la région de Bantheville, fait de nombreux prisonniers et infligé à l'ennemi une usure grave. Depuis le 26 septembre, plus de vingt divisions allemandes se sont relayées devant eux et ont été décimées par leur feu.

Les troupes américaines continuent d'ailleurs à se couvrir de gloire — soit sur leur champ d'opérations distinct, soit dans les autres secteurs du front, où elles sont mêlées aux troupes françaises et britanniques.

****

Au 20 octobre, hormis quelques étroites enclaves ennemies appelées à être promptement réduites, le front est sensiblement nord-sud de la Flandre à l'Oise. Il se rapproche du canal de

Terneuzen, puis de l'Escaut, que les Britanniques bordent au nord et au sud de Tournai dont ils ont atteint les abords. Il suit la ligne Saint-Amand, lisière ouest de Valenciennes, est de Solesmes, ouest de Ors et canal de la Sambre à l'Oise, Oise jusqu'à Lucy, au nord de Ribémont, qui est à nous.

De là, le front prend la direction nord-ouest-sud-est passe par Richecourt et Mesbrecourt à nous, franchit la Serre, la longe à quelques kilomètres au sud, pour rejoindre l'Aisne à Chateau-Porcien, et la suivre jusqu'à Vandy, au nord-est de Vouziers.

Les gains splendides dont témoigne ce front nouveau ont été acquis par la plénitude des efforts des armées alliées, françaises, anglaises, américaine, belge, — que dirige et coordonne, avec une maitrise incontestée, le maréchal Foch.

La grande retraite des armées allemandes dégénère-t-elle en déroute ? Point encore ; mais qu'une défaillance se produise chez quelques-unes des troupes ennemies, harassées physiquement et moralement par trois mois de combats désastreux ; qu'une moindre résistance soit opposée à l'une des nombreuses et vigoureuses tentatives de débordement et d'enveloppement du maréchal Foch ; qu'une erreur survienne dans l'exécution coordonnée des replis des grandes unités allemandes ; qu'un retard ennemi permette aux nôtres, par une avance hardie, de couper les voies de communication de divisions attardées : c'est le désastre pour les Impériaux. Commandement unique et combattants alliés sont aux aguets, d'une extraordinaire ardeur, prêts à exploiter toute faute de l'adversaire !

Dès maintenant l'ennemi sacrifie largement des hommes : il en perd dix mille par jour en moyenne, tués ou pris ; il abandonne un nombreux matériel ; mais son commandement prescrit à temps, avec methode, les reculs successifs et ses troupes les exécutent avec un minimum d'ordre.

Elles se couvrent par de fortes arrière-gardes, abondamment pourvues de mitrailleuses ; et elles ralentissent notre poursuite par la destruction des voies de communication. Un fait est d'ores et déjà évident : c'est que cette retraite allemande se poursuivra sans arrêt sérieux jusqu'à la frontière française.

IV. — LE MARTELAGE — LE REPLI DE L'ENNEMI SUR LA SERRE MOYENNE.
(22-31 octobre).

Il fallait frapper vite et fort sur ces armées impériales, ébranlées, battues, mais non point encore chassées de France ni taillées en pièces. Foch redouble de violence. Aux journées qui suivent le 20 octobre, sa manœuvre s'accentue. A l'ouest, l'aile marchante — britannique — harcèle les approches de la forêt de Mormal, protégées par les points d'appui de Landrecies et du Quesnoy. Elle tend à déborder par le nord le centre ennemi et à couper ses voies de repli.

Sur tout le pourtour du gros des forces allemandes, orienté maintenant vers le confluent de l'Oise et de la Serre, trois armées françaises forment enclume — ou mieux encore martèlent l'ennemi : Debeney sur l'Oise, Mangin sur la Serre, Guillaumat sur l'Aisne moyenne.

A l'est, la pression des divisions françaises et américaines s'exerce avec la même force.

En présence de ces attaques échelonnées sur un front d'environ 350 kilomètres la retraite allemande se précipite.

Les Britanniques remplissent, d'une manière qui dépasse tout éloge, la mission qui leur est confiée. C'est le 23 octobre, que les troupes anglaises et écossaises des 3e et 4e armées se mettent en mouvement, en vue d'atteindre la Forêt de Mormal dont elles sont séparées par une bande de terrain d'une dizaine de kilomètres de largeur, coupée du nord au sud par une rivière. Trois jours durant, elles livrent une bataille acharnée : l'ennemi savait que tout recul en ce secteur contraindrait son centre à un repli et menacerait même la sécurité du gros des forces impériales. Il opposa une défense pied à pied, une résistance désespérée. Il fit un large usage des tirs de contre-préparation et des obus toxiques. Il accomplit de violentes contre-attaques. Néanmoins l'obstination de nos alliés l'emporta. Au soir du premier jour, ils avaient porté leur ligne à 3 kilomètres environ, plus avant, enlevant Vertain, Beaurain, Forest et Pommereuil. Le lendemain, ils étendaient encore le combat vers le nord jusqu'à Valenciennes. Ils soutenaient, sur un front d'environ 30 kilomètres, une série d'engagements opiniâtres. Ils progressaient partout et atteignaient le soir la ligne générale Maing (sud de Valenciennes), Vendegies sur Ecaillon, Beaudinies (ouest du Quesnoy), Robertsart. Le 25, ils longeaient la voie ferrée Valenciennes-Le Quesnoy jusqu'aux approches de ce centre de résistance et atteignaient les abords de la forêt de Mormal. En trois jours, nos alliés avaient capturé de haute lutte 9.000 prisonniers et 150 canons.

L'ennemi, gravement atteint par cette défaite en un point essentiel du front, tente de nouvelles contre-attaques : sans succès aucun.

L'effort des armées françaises n'est pas moins heureux.

La 1re armée, général Debeney, avait, au cours de son attaque des 17 et 18, enlevé la forêt d'Andigny, atteint l'Oise de Hannappes à Noyal, raflé, en définitive, 81 canons, 700 mitrailleuses et un nombreux matériel. Elle reprit son mouvement offensif les 23, 24 et 25, se heurtant à des troupes ennemies résolues à ne point céder un pouce de terrain. Ne serait-il point d'extrême importance pour l'Allemagne, au cours de l'échange de notes diplomatiques relatives à l'armistice, que son armée arrêtât notre élan libérateur, conservât un gage dans nos plus anciennes provinces françaises ?

Au cours de ces combats ingrats, nos soldats, constamment gênés par les gaz axphyxiants et les feux de mitrailleuses, fréquemment contre-attaqués, usaient la résistance de l'ennemi, plus encore qu'ils ne conquéraient du terrain. Aussi le 26 octobre, sous un nouveau et vigoureux assaut, appuyé par des chars, eurent-ils la satisfaction profonde de voir fléchir la ligne allemande. Ils enlevèrent Pleine-Selve, Parpeville, Chevresis-les-Dames, faisant de nombreux prisonniers. Le lendemain 27, décidément battu, l'ennemi reculait, laissant en nos mains Courjumelles, Chevresis-Monceau, la Cote 117 à 1.500 mètres est de Richecourt. Le 28 il se repliait au delà de la route Guise-Crécy, accomplissant un bond en arrière d'une dizaine de kilomètres. Notre première armée avait enfin la récompense de sa pénible suite d'actions d'usure, elle libérait la vallée moyenne de l'Oise, où l'ennemi se trouvait le plus avant dans l'intérieur de notre pays !

L'armée Mangin prolongeait à droite la pression de notre 1re armée. Le 22 elle prenait Chalandry et Grandlup et bordait la Serre jusqu'à Mortiers. Le 23, après des engagements d'une extrême violence, elle passait la Souche, près de Pierrepont. Le 24, gains au nord de Nizy-le-Comte. Le 25, franchissement de la Serre entre Crécy et Mortiers. Le 26, prise de Mortiers. Le 27, nouveau franchissement de la Serre à l'est d'Assis, occupation de Crécy-sur-Serre. Ces actions difficiles lassaient également la défense ennemie et provoquaient graduellement le repli allemand qui s'accéléra dans la journée du 27.

A l'est, l'armée Guillaumat avait une lourde tâche : rompre la ligne fortifiée « Hunding Stellung », où l'ennemi s'était retranché du nord de Sissonne au nord de Château-Porcien. Elle l'entreprit avec la plus héroïque audace. Le 25 octobre, après une forte préparation d'artillerie, elle se jeta, appuyée par des chars d'assaut, sur les organisations allemandes. L'ennemi reçut le choc avec une grande fermeté. Il appela des renforts, multiplia les tirs d'artillerie et les feux de mitrailleuses. L'élan de nos soldats vainquit. Deux jours d'apres corps à corps les rendirent maitres du rempart allemand sur un front de 7 kilomètres et une profondeur de 3 kilomètres. Les centres de résistance de Bannogne, de Recouvrance, de Herpy, 2.500 prisonniers étaient à nous. Le 27, les derniers fragments de la « Hunding Stellung » appartenaient à nos soldats.

Sous ces coups nombreux et durs, le centre allemand en effet craque et cède. Il doit être reporté sur la route Guise-Marle et sur le cours supérieur de la Serre : là seulement il trouvera une ligne de résistance... provisoire, jusqu'à la retraite prochaine à la dernière position d'arrêt en France, ponctuée par Maubeuge, Hirson, Mézières, Montmédy.

*
* *

Tandis que le gros des armées impériales refluait de la sorte aux frontières de France, les troupes alliées postées en Flandre réorganisaient le réseau de communications sur le large territoire et à l'entour des grandes cités reconquises par elles la semaine précédente. Elles repoussaient en des actions locales l'ennemi sur divers points. L'armée française de Belgique faisait 1.600 prisonniers le 22 octobre, capturait Vaereghen et 200 hommes le 23, progressait sensiblement entre Lys et Escaut le 24, s'emparait du plateau de Zulte le 25. L'armée britannique, plus au sud, se rapprochait également de l'Escaut et enlevait le 26 Avengham. D'une façon générale, l'ennemi ne conservait que des avancées plus ou moins profondes en deçà du canal de Terneuzen, de Gand et de l'Escaut qui formaient sa véritable ligne de résistance.

Plus au sud, dans le secteur de Tournai-Valenciennes, les Britanniques, malgré une résistance croissante des Impériaux, réalisaient de constants progrès. Le 22, ils prenaient Froyennes, au nord de Tournai et au sud de cette ville Bruyelle et Hollain, sur l'Escaut. Le 23, ils entraient à Bruay et à Bléharies-sur-Escaut. Le 24, tandis que, plus au sud, ils parvenaient aux lisières de la forêt de Mormal, ils pénétraient, au nord de Valenciennes, dans Thun et dans les positions dernières de l'ennemi en forêt de Raismes. Le 25, le 26, nouveaux progrès au nord de Valenciennes. Par ces combats incessants, opiniâtres, habiles, les Britanniques se sont rendus maîtres, virtuellement de Valenciennes qu'ils débordent au nord et au sud ; ils s'en saisiront, lorsqu'ils pourront lui assurer une zone de couverture assez large contre les tirs de destruction ennemie.

*
* *

A l'aile est, dans les secteurs des armées Gouraud-Pershing, la pression alliée n'a pas cessé intense, meurtrière, obligeant l'ennemi à sacrifier ses meilleures unités pour maintenir le pivot du mouvement en retrait de son centre. Le communiqué américain du 26 octobre précise très justement que, dans ces combats obscurs mais hautement méritoires, l'armée du général Pershing a pris, en quatre semaines plus de 20.000 prisonniers, plus de 150 canons, près de 1.000 mortiers de tranchées et plusieurs milliers de mitrailleuses.

L'armée Gouraud, de son côté, renforcée par des troupes tchéco-slovaques, s'est battue obstinément chaque jour, se saisissant peu à peu de points d'appui importants, ainsi le 25 de Ambly-Fleury.

Bientôt Français et Américains connaîtront, en ces parages, l'orgueil de la poursuite des colonnes ennemies en retraite.

V. — L'ÉPUISEMENT DES ARMÉES IMPÉRIALES. LA CHUTE DE LUDENDORFF.

Que conclure de ces combats multiples et acharnés, qui continuent à se livrer sur toute l'étendue du front de France ?

L'armée allemande demeure capable de certaine résistance. Mais elle se trouve de plus en plus accablée par l'ascendant et par la supériorité numérique des troupes alliées, de plus en plus diminuée, moralement et matériellement.

Son usure confine à l'épuisement. Le commandement allemand forme ses arrière-gardes de combattants, de mitrailleurs d'élite. Or c'est sur ces hommes sélectionnés que portent les pertes et les prises. Force est de les remplacer dans les unités par des soldats de valeur médiocre, récupérés ou autres.

Le gros des armées impériales occupait, dans la ligne Hindenburg, des abris confortables. Il se meut maintenant en rase
campagne, sans moyens de protection contre les balles, les obus
et les intempéries et il en souffre cruellement. Le ravitaillement
est irrégulier par suite d'une grave désorganisation des transports. — Les Alliés, au contraire, complètent leurs réseaux;
c'est ainsi qu'il viennent de recouvrer la grande ligne de rocade
Bruges-Lille-Douai-Cambrai-Saint-Quentin-La Fère — complètement détruite il est vrai.

Le commandement allemand n'a plus de réserves stratégiques.
Il est obligé de supprimer sans cesse de nouvelles divisions.

Il ne peut entretenir son matériel d'artillerie. Nombre de
batteries lourdes ne comprennent que 4 ou 3 pièces, parfois
2 seulement.

Les états-majors alliés saisissent, dans les régions reconquises,
maints documents et recueillent des prisonniers allemands maints
témoignages, qui leur permettent de suivre pas à pas cette
déchéance de la puissance ennemie. Voici, par exemple, des
constatations communiquées à cette époque par le commandement britannique :

Les Allemands n'ont aucune division en réserve qui puisse
être appelée « fraiche » comme il en existait autrefois, et l'inter-
valle moyen entre le réengagement des divisions n'est plus que de
neuf jours, ce qui empêche complètement l'entrainement systématique
et le repos des troupes. Il est arrivé plusieurs fois pendant ces
quinze derniers jours que des divisions allemandes ont été
remises en ligne ayant seulement 1.000 chasseurs à pied au lieu
de 6.750 que devait comporter la division, sans compter les mitrailleurs. Une fois, une division avait été réduite à 783 chasseurs, à
peine la force d'un bataillon.

Dans 40 ou 50 divisions les bataillons ont, le 3 octobre, été
réduits à une base de trois compagnies au lieu de 4, et dans une
division les régiments avaient été à cette époque réduits de 9 compagnies à 3.

La gravité d'une telle situation sera comprise, si l'on se souvient que, pendant les six derniers mois, 25 divisions allemandes ont été mises hors de combat, tandis que pendant ces quatre dernières semaines 5 divisions de tout à fait second ordre ont été envoyées de Russie sur le front Occidental.

Le manque total de fusils peut être maintenant sûrement évalué à plus de 550.000.

Il a été calculé que les pertes de l'ennemi depuis le 1er janvier 1918 se sont élevées à 1 million, en grande partie définitives.

« Les réserves des dépôts allemands maintenant sont estimées à 340.000 hommes environ, comprenant la plus grande partie de la classe 1920.

Quant aux pertes matérielles, on estime que sur les 18.000 canons de tous calibres en action dans le front occidental depuis juillet (15) de cette année, 33 /o ont été mis hors de combat depuis cette date. L'ennemi a été incapable de construire une réserve suffisante pour remplacer ces pertes sévères et l'artillerie lourde en général a par conséquent été très réduite. Les divisions arrivées de Russie ont été jetées dans la bataille démunies d'artillerie, de mortiers de tranchées et de mitrailleuses.

Tous ces faits affectent sérieusement le moral des troupes ennemies. De nombreux ordres qui ont été capturés contiennent des menaces et des appels contre la lâcheté et l'indiscipline et prouvent que la discipline de fer qui a régné jusqu'ici malgré tout commence à se relâcher.

En présence d'un tel épuisement, le commandement ennemi ne peut appliquer qu'un plan : poursuivre, de ligne en ligne, sa retraite, jusqu'aux frontières allemandes. En fait maints indices montrent, qu'il prépare l'évacuation, non seulement de la France, mais aussi de la Belgique. C'est l'unique moyen qu'il ait de recouvrer quelques réserves, c'est-à-dire d'alimenter le combat, de tenir encore.

Mais le peuple allemand voudra-t-il prolonger cette résistance et les énormes et vains sacrifices qu'elle entraine ? Il semble bien qu'il cède à un découragement profond ; les causes en sont manifestes : c'est la défaite ; ce sont les souffrances des classes laborieuses, de plus en plus sensibles à la propagande révolutionnaire; c'est la reddition des Alliés de l'Empire; c'est l'isolement absolu de l'Allemagne, en face du monde entier.

Ludendorff, alors, démissionne (26 octobre). Ce départ, provoqué par le vice-chancelier von Payer, en l'absence du chancelier malade, semble répondre à la volonté d'en finir répandue dans les classes bourgeoises et populaires d'outre-Rhin à laquelle le gouvernement même serait forcé de déférer.

Ludendorff était le maître incontesté de l'armée, le grand stratège allemand, le dictateur militaire. C'est lui qui conçut et conduisit les formidables offensives des 21 mars, 27 mai, 15 juillet, celle-ci contre le gré peut-être d'Hindenburg, chef nominal, comme certaine presse suédoise le prétendit à cette date. La chute de Ludendorff, c'est l'aveu de la défaite impériale, de l'abaissement du parti de guerre à outrance; c'est le début de la débâcle germanique.

CHAPITRE IV

La Capitulation de l'Empire Allemand.

I. — DERNIERS ESPOIRS DE L'ALLEMAGNE. — TROIS VICTOIRES FRANÇAISES ET ALLIÉES : ESCAUT, SAMBRE, ARGONNE (31 *octobre-4 novembre* 1918).

L'Allemagne se sait perdue, aux premiers jours de novembre : l'irrésistible puissance qui contraint en France ses armées à de constants replis, les désastres que subissent ses complices aux Balkans, en Syrie, au Danube, aux Alpes, l'éventualité d'une offensive alliée sur les frontières de Saxe et de Bavière forment manifestement le prélude d'une terrible débâcle.

L'Allemagne impériale juge cependant qu'il lui faut « crâner » encore, pour prévenir chez elle un effondrement néfaste de l'opinion et arracher aux Alliés, par ruse, une suspension d'armes favorable. Elle cherche donc, dans la grandeur même des succès de la France et de l'Entente, des raisons de calmer ses angoisses et d'en faire accroire à ses populations !

Les derniers jours d'octobre, exposent les critiques militaires, ont marqué un ralentissement dans la manœuvre offensive des armées française, anglaise, américaine. Ne serait-ce point que le maréchal Foch est enfin forcé d'accorder quelque répit à ses troupes, harassées par la plus longue, la plus dure série de combats !

Comment les ambitions de l'Entente ne seraient-elles pas satisfaites, en présence de la capitulation de la Turquie

— signée le 31 octobre — de la capitulation austro-hon-groise, imminente (3 novembre) ?

Les Alliés vont s'accorder une halte. Et les Impériaux peuvent tenir encore !

« Nous sommes parfaitement en mesure de combler les vides causés par la défection de nos alliés, écrivent, le 1ᵉʳ novembre, les *Hamburger Nachrichten*, de constituer, par suite du raccourcissement de notre front occidental et de la récupération de troupes dans les vastes territoires de l'est, un nouveau front au sud-est, qui sera assez fort pour couvrir les frontières de l'Empire. D'ailleurs, ces frontières du sud-est ne sont pas sous le coup d'une menace immédiate et il n'est pas vraisemblable que l'Entente puisse tout de suite organiser un nouveau front de ce côté. »

Et le vieux journal bismarckien ne cèle point le but de ces dires, contraires à la sombre réalité.

« Il faut que l'Entente sache que nous sommes résolus à continuer la lutte et que nous ne nous soumettrons nulle-ment si ses conditions de paix sont inacceptables. Notre situation ne peut absolument pas devenir plus mauvaise qu'elle le serait si nous acceptions les conditions que l'on nous fait entrevoir. Cette situation peut, au contraire, s'amé-liorer par la continuation des combats. »

Même tentative impudente, pour abuser la nation alle-mande... et l'Entente, dans le *Taeglische Rundschau* du 3 novembre, sous la signature du général von Liébert.

« La panique s'est peu à peu dissipée, qui, au début d'oc-tobre, s'était emparée de la capitale, au Reichstag et hors du Reichstag. Si la situation politique est moins favo-rable qu'elle ne l'était, par la défection de la Turquie et de la Monarchie danubienne, notre situation militaire est sensiblement meilleure qu'il y a un mois.

« La retraite du général Ludendorff a été douloureuse-ment ressentie, mais il n'y eut nulle part de manifestations.

Dans tous les secteurs de l'immense front, les troupes se sont admirablement battues et elles ont défendu leurs nouvelles lignes avec leur vaillance habituelle.

... « Voici l'hiver : le moment est venu pour Foch de se demander si l'armistice et la conclusion de la paix ne seraient pas plus profitables à son peuple et à son pays que la continuation indéfinie, au printemps prochain, d'une guerre avec un ennemi qui n'est pas vaincu. »

Propos inefficaces, dangereux même par leur fausseté : car les classes populaires ne devaient point pardonner au régime impérial de les avoir ainsi, jusqu'au dernier instant, trompées !

Quant au commandement allié, il répond par des actes à ces fallacieuses invites et à la propagande qui présentait en même temps l'Allemagne impériale comme démocratisée, avide de fraternisation !

Au moment même où nos ennemis disaient achevée la grande offensive alliée, trois batailles, trois victoires simultanées leur portaient le coup de grâce : la bataille de l'Escaut du 31 octobre au 3 novembre qui fit avancer les Alliés sous Gand, à Audenarde et au delà même de l'Escaut, dans la région de Pottes; la magnifique bataille de la Sambre (1er-4 novembre), qui donna la forêt de Mormal avec Landrecies, Le Quesnoy, Valenciennes, 15.000 prisonniers, 250 canons; la bataille de la Meuse (1er-3 novembre), qui fit tomber la forêt d'Argonne et la région de Buzancy et rapporta en outre 10.000 prisonniers et environ 200 canons.

A chacun de ces trois glorieux combats, collabora une armée française, l'armée Degoutte en Flandre, l'armée Debeney, aux côtés des Britanniques, sur la Sambre, l'armée Gouraud, en liaison avec les Américains, en Argonne. Cette triple victoire allait déterminer la retraite précipitée du centre ennemi, aventuré sur l'Oise et la

Serre et dont les arrières étaient menacés, jusqu'à nos frontières. C'était l'achèvement de la libération du sol français.

****

L'offensive du Roi des Belges, en Flandre, avait refoulé l'ennemi aux approches du canal de Terneuzen, de Gand et de l'Escaut. Mais de forts avant-postes allemands tenaient la majeure partie de la rive ouest de cette ligne d'eau.

La reprise des opérations tendit à nettoyer cette rive ouest et elle y réussit pleinement.

Le 31 octobre et le 1er novembre, la deuxième armée britannique (du groupe d'armées du Roi des Belges), enlevait au sud toute une série de villages : Tieghem, Elfeghem, Melden, sur l'Escaut, et 900 prisonniers.

En même temps, l'armée franco-américaine, au centre, poussait jusqu'au fleuve, de Melden à Eske, sur un front de 16 kilomètres, réalisant une avance de 8 à 15 kilomètres, s'emparant de 19 villages, de 1.200 prisonniers et 2 batteries. La ville de Audenarde tombait en ses mains.

Le 2 novembre, toute la rive ouest du canal de Terneuzen et de l'Escaut était pratiquement nettoyée. Le 3, les Alliés touchaient aux faubourgs de Gand et possédaient deux têtes de pont sur la rive est de l'Escaut, l'une devant le front franco-américain, dans la région de Melden, l'autre devant le front britannique, dans la région de Pottes.

L'ennemi prévoyait, depuis plusieurs semaines, sa retraite progressive à travers la Belgique. Il comptait se replier d'abord sur des positions d'arrêt échelonnées de la frontière hollandaise à Termonde, Ath, Maubeuge, pour couvrir à distance Anvers et Bruxelles. Mais la partie nord de cette ligne était sans consistance, la partie sud suivant le cours de la Dendre. L'ennemi savait donc inévitable la chute des métropoles politique et commerciale de la Belgique.

* *

C'est alors que fut déclanchée la bataille de la Sambre, pour précipiter le rejet des Impériaux hors du sud-ouest de la Belgique et hors des frontières françaises.

Les 1er et 2 novembre, les Britanniques se jetèrent sur les positions ennemies, au sud de Valenciennes, sur un front d'une dizaine de kilomètres. La bataille atteignit au paroxysme de la violence. Les Allemands contre-attaquèrent résolument. Il s'agissait pour eux de maintenir la couverture de Mons et de Maubeuge — deux centres de grande importance, quoique à des points de vue différents — situés à une trentaine de kilomètres de Valenciennes, l'un au nord-est et l'autre au sud-est. L'ardeur tenace des Britanniques triompha de ces suprêmes efforts. Le 2, nos Alliés avaient la satisfaction de libérer Valenciennes ; le 3, ils portaient le front à 6 kilomètres à l'est de la ville. 5.000 prisonniers marquaient l'ampleur de cette victoire.

Le 4, infatigables, nos Alliés, élargissant encore l'action, de Oisy sur le canal de la Sambre, au nord de Valenciennes, soit sur un front de 40 kilomètres, livraient une grande bataille. L'ennemi tenait des positions de premier ordre, l'Escaut, la rivière d'Annelle, les centres de résistance de Le Quesnoy et Landrecies, la forêt de Mormal, le canal de la Sambre. Mais les Britanniques usèrent d'un matériel hors de pair, canons, tanks, avions, et surtout l'ardeur de leurs troupes se montra sans limite. Ils l'emportèrent encore. Plus de 10.000 prisonniers, plus de 200 canons étaient enlevés ; Le Quesnoy et Landrecies étaient pris, la forêt de Mormal aux deux tiers conquise, la frontière belge atteinte à l'est de Valenciennes. Nos Alliés sont dès lors à 15 kilomètres de Maubeuge et à 25 kilomètres de Mons.

Au sud, notre première armée prolongeait l'attaque britannique. Elle aussi obtint le plus brillant succès; franchissant le canal, elle parvint aux lisières de la forêt de Nouvion, en s'emparant de 3.000 prisonniers et d'une quinzaine de canons.

Cette grande victoire anglaise et française a pour l'ennemi les plus graves conséquences; elle rend le repli de son centre aussi urgent que difficile à exécuter. Le moindre prix dont l'ennemi puisse payer le retrait de ses troupes, attardées dans la région de Guise et au sud de la Serre, c'est l'abandon d'un important matériel.

*　*　*

Même succès, glorieux et décisif, à l'autre extrémité du champ de bataille, à l'est. Le 1er novembre, les armées française et américaine attaquèrent sur un vaste front.

A gauche, nos troupes enfoncèrent les positions allemandes le long de l'Aisne supérieure, des alentours d'Attigny au nord, aux environs d'Olizy au sud, sur une étendue de 20 kilomètres. Elles enlevèrent Rilly-aux-Oies, Semuy, Voncq, et, à l'est de Vouziers, le plateau des Alleux, Falaise : l'ennemi dut abandonner par échelons successifs la forêt d'Argonne. Le 2 novembre, nos soldats prenaient Neuville-et-Day, et plus à l'est le bois de Vandy, Ballay, Longwé, Primat. Le 3, l'ennemi tâcha de se ressaisir et de prolonger la résistance, en s'accrochant aux hauteurs boisées de cette région. Il fut culbuté et perdit Les Toges, Belleville, Quatre-Champs, Noirval, les Alleux, Châtillon-sur-Bar.

La quatrième armée, en trois jours, s'emparait de 3.500 prisonniers et de 53 canons. Elle occupait, entre Semuy et Le Chesne, la rive sud du canal des Ardennes, débordant ainsi nettement par l'est le cours moyen de l'Aisne.

L'ennemi, qui demeure aligné sur cette rivière de Rethel à Château-Porcien, est obligé d'en partir, à bref délai.

L'avance des Américains n'était pas moins impressionnante. Dès le premier jour, le général Pershing pouvait annoncer que la coopération parfaite des différentes armes, infanterie, artillerie, aéroplanes et chars d'assaut, avait réussi à désorganiser et à détruire la défense de l'ennemi, à briser ses contre-attaques. Ses soldats atteignaient en effet le point culminant de Bayonville. Le lendemain, ils s'élançaient vers Buzancy, terminus du chemin de fer de ravitaillement allemand et l'emportaient. Le 3 novembre, le communiqué de nos Alliés présentait un magnifique tableau.

« Nous avons infligé de lourdes pertes à l'ennemi, tant par suite de nos attaques continuelles du mois dernier que grâce à la surprise de notre nouvelle et puissante attaque du 1ᵉʳ novembre.

« D'après les prisonniers, une grande confusion règne dans les organisations de l'ennemi. Plusieurs batteries au complet et des bataillons entiers ont été capturés par nos troupes.

« Le nombre des prisonniers dépasse maintenant 5.000 et le nombre des canons plus de 100.

« Pendant ces trois derniers jours, nous avons pénétré dans les lignes ennemies sur un front de 18 milles et une profondeur de 12 milles.

« Les hauteurs dominantes que nous avons atteintes nous permettent de prendre sous le feu de notre artillerie lourde l'importante voie ferrée qui passe à Montmédy, Longuyon et Conflans.

« Depuis le 1ᵉʳ novembre, nous avons identifié 17 divisions allemandes sur le front d'attaque, dont 9 étaient en ligne le matin même; 8 divisions nouvelles ont renforcé la ligne ennemie depuis le commencement de l'attaque et ont tenté de vains efforts pour arrêter nos progrès.

« En plus des troupes de l'armée régulière, ont pris également part à cette attaque des divisions composées de troupes de l'armée nationale du Texas, de l'Oklahoma, du Kansas, du Missouri, du Colorado et du New Mexico, de l'Etat de New-York, du New Jersey, du Maryland et de la Virginie occidentale, du district de Colombia et de la Virginie. »

Il importe de rendre hommage à ces soldats du Nouveau

Monde, dont le labeur, depuis un mois, avait été aussi pénible et meurtrier que fructueux. Il les a portés à travers 30 à 40 kilomètres 'en profondeur d'un pays hérissé de défenses naturelles et artificielles, très solidement occupé, pivot de la retraite allemande, jusqu'aux lisières nord de la forêt de Dieulet, jusqu'aux abords ouest de Stenay-sur-Meuse et jusqu'à une quinzaine de kilomètres de Mont-médy, où passent à la fois la grande ligne de rocade allemande Sarrebruck-Thionville-Longuyon-Montmédy-Mézières-Hirson et la dernière position de repli ennemie en sol français : Metz, Montmédy, Mézières et Maubeuge.

Les Franco-Américains sont alors à moins de 30 kilomètres de Mézières.

Cette splendide avance de notre aile Est, combinée avec les progrès des Britanniques en direction de Mons, contraint les armées impériales du Centre à hâter leur retraite, pour tâcher de retrouver un alignement qui, sans cesse reporté en arrière et sans cesse défoncé, est d'une singulière précarité.

****

Les armées Debeney et Guillaumat, ainsi que l'armée dite de Lœuilly (1) qui les relie, n'avaient cessé de poursuivre le refoulement de l'ennemi sur la Serre supérieure, en procédant par engagements locaux et non par assaut général. Elles avaient subi force « arrosages » par mitrailleuses et par obus toxiques. Elles s'étaient livrées à des corps à corps acharnés. Elles avaient réussi à progresser au nord de Guise et au nord de Château-Porcien. dans la région de Saint-Fergeux. Elles avaient fait nombre de prisonniers.

Le 5 novembre, elles eurent l'intense satisfaction de voir l'ennemi céder sur toute la ligne, en la région de Guise, au sud de la Serre et sur l'Aisne supérieure. C'était le résultat de la triple victoire alliée, mais aussi de leur dur

---

(1) Armée du général Mangin, qui en avait quitté le commandement le 27 octobre.

travail de martelage — une seule de ces armées, la cinquième, n'enregistrait-elle pas, en quatre semaines, 113 canons, plus de 1.500 mitrailleuses ? — C'était la poursuite qui, enfin, commençait.

****

II. — LA POURSUITE (6-11 *novembre*).

Les opérations de la dernière semaine d'hostilités se résument en quelques mots : poursuite des Impériaux, libération presque totale (sauf l'enclave de Briey), du sol français, démoralisation des armées impériales.

Poursuite combien difficultueuse ! Les furieuses tempêtes d'automne, survenues au lendemain même des victoires alliées, n'empêcheraient-elles pas nos troupes, par les rafales de vent froid et de pluie torrentielle, de se mouvoir, de se ravitailler, de chasser l'ennemi, de traîner leur matériel de combat ? Nos soldats bravèrent ces pénibles intempéries, comme les barrages de feux de mitrailleuses. Chaque journée apporta aux Français, aux Britanniques, aux Américains, un butin magnifique.

Cet ultime repli de l'ennemi trahit la précipitation et le désordre. Partout nos combattants découvrent des munitions, des camions, des canons même, abandonnés. Les arrière-gardes allemandes se dérobent ou se rendent. Les traînards se multiplient. Ces marques de démoralisation des armées impériales excitent l'ardeur de nos soldats ; ils vont sans cesse plus avant.

Aile Nord. — Dès le 6, les Britanniques, exploitant leur victoire des jours précédents, remontaient la Sambre, en direction de Maubeuge. Ils enlevaient l'important embranchement d'Aulnoye. Le lendemain ils prenaient Avesnes, à l'est de la Sambre, Bavai à l'ouest et Hautmont sur la rivière à quelques kilomètres de Maubeuge. Plus au nord ils atteignaient le canal Condé-Mons. Ils se heurtaient à une résistance fort accentuée de l'ennemi, brisée par leurs chars d'assaut, soutenant la cavalerie et l'infanterie. Ils saisissaient quelques centaines de prisonniers, des canons et beaucoup de matériel. Le 8, ils s'emparaient de Condé et de la partie ouest de la ville belge de Tournai; le 9, avance générale des armées britanniques sur les deux rives de la Sambre, les deux rives du canal de Mons à Condé et sur la rive est de l'Escaut, dans la région de Tournai. Elles ne rencontrent plus qu'une résistance sommaire de l'ennemi, qui bat précipitamment en retraite. Maubeuge est enlevé par la division des Gardes et la 62° division.

Aile Est. — A l'aile Est, progrès non moins rapides, non moins étonnants de l'armée américaine. L'ennemi s'opiniâtre cependant à défendre la vallée de la Meuse, où passent sa grande voie ferrée de rocade et sa dernière ligne de repli en sol français; ses canons et mitrailleuses font rage. Que peuvent-ils contre l'ardeur des soldats de Pershing ? Les 6 et 7, nos Alliés entrent à Sedan, escortés d'un bataillon français, et s'appliquent à nettoyer la rive droite de la Meuse. Le 8, des unités françaises et américaines dégagent les avancées nord-est de Verdun, prenant Damvillers, à une vingtaine de kilomètres de notre célèbre place forte. Le 9, le général Pershing étend considérablement son avance à l'est de la Meuse, dans la région de Jametz.

Centre. — Tandis que nos Alliés poussaient avec cette violence et ce succès aux deux extrémités du front de bataille, les armées françaises, infatigables, traquaient l'ennemi, en péril de l'Oise à l'Aisne, réalisant des prises considérables.

Le 6, nos soldats atteignaient les lisières est des forêts, de Nouvion et Regneval, entraient à Vervins, à Montcornet, à Château-Porcien, à Rethel, à Vendresse. Sur un front de plus de 100 kilomètres, ils faisaient, en une journée, un bond de 10 à 15 kilomètres !

Le 7, la poursuite continue, non moins ardente, non moins fructueuse; nos armées délivrent une centaine de villages et un grand nombre d'habitants.

Le 8, nos soldats parviennent, en maints endroits, à la ligne de repli allemande, le long de nos frontières. Ils sont au delà de la route d'Avesnes à La Capelle, aux abords du fort d'Hirson, à Liart (30 kilomètres nord de Rethel) et sur la Meuse depuis Mézières jusqu'à hauteur de Bazeilles. Prisonniers, canons, matériel, tombent en abondance en leurs mains.

Le 9, la fameuse position d'arrêt allemande est en maints points importants conquise; la frontière belge est franchie à l'ouest. L'élan de notre cavalerie et de notre infanterie, dont certains éléments progressent de 15 kilomètres, est splendide. Fourmies, Hirson, Anor, Saint-Michel, Signy-le-Petit, les abords de Mézières jalonnent notre ligne. Les prises s'amplifient encore et comprennent plusieurs trains de chemins de fer.

* * *

III. — L'ARMÉE ALLEMANDE A LA VEILLE D'UNE CATASTROPHE (11 *novembre*).

On conçoit combien une retraite à ce point rapide et désastreuse était propre à affecter le moral et à troubler l'ordre des armées impériales. Après huit mois de combats meurtriers, aller de défaite en défaite, être réduit à la fuite par un adversaire sans cesse plus fort et plus ardent, est-il rien de si terriblement déprimant !

Dès les 9 et 10 novembre, l'ordre défensif des Impériaux paraît sérieusement atteint. Leurs arrière-gardes, formées de mitrailleurs d'élite (décimés d'ailleurs au cours de notre campagne) tiennent faiblement. Les grandes unités même, leurs convois témoignent d'un réel désordre. L'arrière est horriblement obstrué en raison de l'immense matériel à évacuer et de l'insuffisance des moyens de transport. Les Alliés ont coupé quelques-unes des voies ferrées à grand rendement nécessaires à l'ennemi, et les camions automobiles, les chevaux manquent aux Allemands. L'aviation alliée achève de troubler, de désorganiser les services d'évacuation et de ravitaillement des armées impériales par ses incessants bombardements.

La journée du 10 novembre porte les armées du Roi des Belges de 7 à 10 kilomètres au-delà du canal de Terneuzen et de l'Escaut vers la ligne de la Dendre; les armées britanniques aux lisières de Ath et de Mons, les armées françaises en Belgique, à l'est d'Avesnes, à 2 kil. et demi au nord de Charleville et au delà de la Meuse entre Mézières et Sedan.

Canons, parcs de munitions, véhicules de toute sorte, approvisionnements, wagons, trains entiers, une masse considérable des *impedimenta* des armées impériales est capturée par les troupes alliées.

Les prisonniers allemands disent la gravité du péril pour les Impériaux : l'infanterie est à bout de forces, vêtue de loques sordides, en proie à cette dépression que causent la continuité des bombardements par canons ou avions, et l'incessante attente des attaques. L'artillerie manque de chevaux, de munitions. Les Alliés donnent-ils l'assaut ? Elle envoie quelques salves rapides, ralentit son tir, puis s'enfuit.

Jusqu'en ces derniers instants, nos soldats sont étonnamment secondés par les chars d'assaut — comme par les avions — précieux instruments de surprise et de succès. Ces équipes blindées, si l'on peut s'exprimer ainsi, guident nos tirailleurs dans l'obscurité du soir et du matin, écrasent les fils barbelés, éventent les ruses des fuyards ennemis, abattent les guetteurs hissés dans les arbres, jettent le désarroi dans les détachements qui se replient.

Mais le désarroi n'est pas seulement à l'avant, chez les Allemands; il règne dans le gros de leurs armées; dans leurs réseaux de communications, engorgés; dans leurs états-majors consternés; dans les services d'étapes, où gronde le plus amer désenchantement. Serrées de près par nos soldats, désemparées, démoralisées, les armées ennemies se trouvent à la veille d'un désastre irréparable.

Sait-on qu'au 10 novembre le maréchal Foch, profitant d'une réduction du front, portée, depuis le 18 juillet, à près de 250 kilomètres, a mis en réserve 57 divisions françaises (45 restant en ligne) et 47 divisions anglaises et américaines (44 étant engagées) ?

Les forces impériales sont à ce point dissoutes, qu'à cette date le commandement allemand ne dispose pas — malgré ce raccourcissement du front — de plus de 17 divisions en réserve (64 de moins que le 15 juillet, 50 de moins que le 26 septembre). Moitié d'entre elles seulement ont eu un repos de plus de deux semaines. Et quelle peut être leur ardeur au combat, en présence du grand désastre où sombre l'Empire ?

L'ensemble des unités allemandes s'alignait, en cordon, de la mer à la Moselle. Impossible, pour leurs chefs, de les mouvoir à leur guise, de les regrouper, faute de moyens de communication. Il ne restait à l'ennemi qu'une seule voie de rocade suffisamment courte (Bruxelles-Namur-Arlon-Thionville-Sarrebruck : 400 kilomètres) et pas de camions automobiles disponibles pour les longs transports. Le commandement allié s'était saisi de ce moyen de manœuvre, dont avaient tant joué Ludendorff et Hindenburg : le réseau ferroviaire du Nord de la France (1).

____

(1) L'armée française (à elle seule) possédait en outre, dans l'ensemble de ses services, près de 100.000 camions automobiles.

L'armée allemande était donc manifestement, au 10 novembre, incapable d'arrêter la série de ses défaites.

Elle était, en outre, à la veille d'un désastre, sur le front de Lorraine. Du nord de Montmédy à la Suisse, elle ne comptait, sur un front d'environ 275 kilomètres, que 23 divisions en secteur, dont une quinzaine de valeur extrêmement médiocre. Or, le maréchal Foch avait préparé, pour le 14 novembre, une offensive sur Metz, par 20 divisions françaises et 6 américaines — opération combinée avec des attaques compactes en d'autres régions. Le commandement ennemi se savait tellement impuissant à résister, qu'il avait donné l'ordre de procéder, dès le 11 novembre. à l'évacuation de Metz et de Thionville.

Mais une perspective plus terrifiante encore apparaissait au commandement allemand. Comment poursuivre la retraite des armées impériales ? Les troupes françaises étaient au delà de Mézières et progressaient, appuyées à l'est par les divisions du général Pershing, sur les deux rives de la Meuse. Or, de Fumay à la frontière hollandaise, près d'Anvers, sur une largeur de 150 et quelques kilomètres, il fallait que six armées allemandes (IV-VI-XVII-II-XVIII-VII), soit 109 divisions, pussent se replier, et faire passer leur énorme matériel ! Elles ne disposaient que de trois lignes de chemins de fer, déjà fort encombrées, et se rejoignant toutes à Aix-la-Chapelle (Gand-Anvers-Tongres, Audenarde-Bruxelles-Louvain-Liège, Mons-Charleroi-Namur-Liège). Que les Alliés continuent à remonter la vallée de la Meuse, c'est, pour ces masses ennemies, l'embouteillage, l'enveloppement !

Autre défilé, non moins dangereux, du jour où l'offensive franco-américaine pénétrera en Lorraine, entre Thionville et la frontière hollandaise près d'Aix-la-Chapelle.

Comment les millions de soldats allemands rejoindront-ils le Rhin ?

Jamais masses armées, encombrées d'un outillage terriblement encombrant, n'avaient été à ce point affaiblies, démoralisées, désemparées, jetées dans un engrenage de défaites, dont l'issue apparente était une gigantesque catastrophe, une capitulation sans précédent (1) !

***

IV. — L'ALLEMAGNE OPTE POUR LA CAPITULATION IMMÉDIATE.

Malgré le mensonge des communiqués impériaux et des déclarations officieuses, la nation allemande sentait l'imminence de cette catastrophe. Peut-être n'en discernait-elle pas l'heure ni le lieu. Mais elle savait ne pouvoir y échapper. Ne voyait-elle pas l'étreinte des armées alliées, l'étau d'acier se resserrer autour de ses frontières ?

L'armistice bulgare avait rétabli le blocus des puissances centrales. La capitulation austro-hongroise plaçait l'Allemagne dans l'isolement. Demain, les armées alliées d'Asie Mineure, des Balkans, d'Italie, rassemblées sous le commandement unique du maréchal Foch, traverseraient les anciens Etats complices, pour se jeter sur la Bavière et la Silésie. Quelles épreuves horribles l'Empire ne supporterait-il pas, lui qui avait tant provoqué la fureur des Alliés — et qui, déjà, était vaincu à l'ouest !

Le peuple allemand n'est point enflammé par ce sentiment de justice, il n'a pas cette volonté de résistance à outrance, ni cette force de redressement, qui soutinrent la France au 21 mars et au 27 mai. Sa conscience est trouble, sa foi en sa cause, incertaine : il défaille.

C'est l'infériorité foncière des armées et des nations mues

______

(1) On sait combien, après l'armistice, fut laborieux le repli des armées ennemies, dans la sécurité des délais impartis, en l'absence de toute opération militaire : un nombreux personnel et quantité de matériel durent être abandonnés, et toute une armée (indûment d'ailleurs) traversa le territoire hollandais !

par un puissant appareil extérieur (dictature impériale — discipline brutale — buts de prépondérance matérielle — outillage colossal) qu'elles sont désemparées, abattues, quand — ce moteur, cette machine s'arrêtant — elles restent seules en face du péril !

Chez le peuple allemand, qui tombe de folles perspectives de domination universelle dans un abîme, surgit un sentiment de révolte contre l'autorité impériale, responsable. Des troubles agitent les grandes villes — celles de l'Allemagne du Sud surtout qui s'estiment désarmées devant le péril extérieur. Fort de la fidélité des troupes, le gouvernement rétablit l'ordre.

Mais une mutinerie éclate parmi les marins de la flotte. Aux derniers jours d'octobre, ils sont informés d'une prochaine sortie des forces navales allemandes, qui les conduirait à la ruine totale — la flotte anglaise étant d'une puissance incomparable. Eux qui, au cours de leurs campagnes sous-marines, ont subi déjà des pertes étendues, se refusent à aller à la mort, sans résultat pour leur pays. Très vite, à Kiel, la révolte présente un caractère d'extrême gravité, tant par le nombre des insurgés que par la violence de leurs actes. Ils se saisissent des vaisseaux de guerre, arborent le drapeau rouge, fusillent le gouverneur de la place forte. Les ouvriers se rallient à leur cause. Les troupes envoyées pour étouffer le mouvement se joignent à eux. La révolte s'étend à Hambourg, Wilhemshafen, d'où elle gagne, les jours suivants, les autres ports de l'Empire, Lubeck, Hanovre, Cuxhaven, Oldenburg, Rostock et enfin Brême.

Le gouvernement impérial était destitué de son ascendant traditionnel, frappé à mort. Le parti socialiste indépendant au contraire, assuré de pouvoir faire fond sur l'irritation populaire, propageait les troubles révolutionnaires.

Dès lors l'autorité centrale passe rapidement aux mains des social-démocrates. Leurs chefs adressent le 7 novembre, un appel au peuple, l'invitant au calme, l'avertissant que des désordres suspendraient le ravitaillement et amèneraient la famine. En même temps, ils somment l'Empereur d'abdiquer. Le 9, alors que la République est déjà proclamée en Bavière, l'effervescence gagne Berlin; troupes et peuple fraternisent; un gouvernement populaire est improvisé. Le député social-démocrate Ebert, chef du parti majoritaire, remplace Max de Bade à la chancellerie. La constitution d'une Assemblée Constituante est décidée. Le Kaiser, réfugié depuis quelques jours au grand quartier général, se résigne à abdiquer et à fuir en Hollande (10 novembre).

Ainsi le peuple allemand a jeté bas l'autorité impériale qui, de l'apogée de la richesse et de la grandeur, l'a précipité au désastre.

Après cinquante mois de guerre, il renonce à poursuivre dans l'isolement les hostilités, à organiser la défense nationale. Par peur de l'invasion, il appelle la capitulation.

Déconcertés par la soudaineté, l'étendue, la violence de ce mouvement populaire, les partis militaire et conservateur ne tentent point de résistance. Eux aussi, savent l'Allemagne vaincue, sans appel. Et ils craignent d'exaspérer sans raison la classe ouvrière, de la jeter aux excès bolcheviques.

L'Allemagne impériale avait fomenté naguère le maximalisme en Russie. Redoutant qu'il ne triomphe chez elle, elle se soumet d'emblée à la volonté populaire. Elle opte pour l'immédiate capitulation.

*
* *

V. — LA CAPITULATION.

ARMISTICE DU 11 NOVEMBRE.

Il importe d'évoquer dans leur gravité profonde les défaites multipliées de l'Allemagne, la reddition de ses

complices, la désorganisation croissante des armées impériales, l'épuisement des énergies du peuple allemand, le
fléchissement à l'intérieur de la force armée, soutien de
l'autorité impériale, la perte en quatre mois (15 juillet-
11 novembre) de 300.000 prisonniers et 5.000 canons,
enfin ce pressentiment de la catastrophe imminente, ré-
pandu parmi toutes les autorités et toutes les classes de
l'Empire, pour comprendre la hâte extrême avec laquelle
les gouvernements successifs de Berlin, l'ancien et le nouveau, durent courir à l'armistice, quelque légitimement
draconiennes qu'en dussent être les clauses.

A la suite des démarches de paix du pouvoir impérial
près du Président Wilson et de l'échange de notes entre le
chef de l'Union américaine et le Chancelier impérial, les
Alliés avaient été saisis par le grand homme d'Etat de
Washington de la requête de l'Allemagne.

Le Conseil des chefs et des représentants des gouvernements de l'Entente, réuni à Paris aux premiers jours de
novembre, examina et fixa les conditions politiques, militaires et navales, auxquelles une suspension d'hostilités
pouvait être accordée à notre ennemie. Ce document fut
envoyé au Président Wilson, avec indication que l'Allemagne en aurait connaissance en se soumettant à la procé-
dure historique de demande d'armistice.

Le 6 novembre, le gouvernement de Berlin reçut la note
de Washington l'informant de cette décision de l'Entente.
C'était au lendemain des premiers troubles révolutionnaires
de Kiel, de la révolte de la flotte impériale. Sur-le-champ,
le gouvernement allemand désigna des parlementaires pour
accomplir cette démarche suprême, qui consacrait la défaite
de l'Empire. Sa délégation quitta Berlin le 6 novembre à
midi. Elle devait arriver dans la journée du 7 aux avant-
postes français, sur la route de La Capelle à Guise, indi-
quée par un radio du maréchal Foch. Elle se heurta au fan-
tastique encombrement des arrières des armées impériales en

retraite. Après le plus pénible des parcours, elle ne parvint à nos lignes que dans la nuit du 7 au 8.

Le 8 novembre eut lieu l'entrevue historique entre le maréchal Foch, l'amiral britannique Lord Weymiss, et les parlementaires allemands, le secrétaire d'Etat Erzberger, président de la délégation, le ministre plénipotentiaire von Oberndorf, le général d'état-major von Winterfeldt, le capitaine de vaisseau Vancelow. Le maréchal donna lecture des conditions d'armistice. Les délégués ennemis demandèrent à les soumettre au gouvernement de Berlin.

Mais, le 9, survenait la désignation exclusive d'Ebert comme chef du Gouvernement allemand, l'effacement de Max de Bade, puis le lendemain la fuite de l'Empereur. D'autre part, le courrier parti de France ne réussissait point à traverser les lignes allemandes, où régnait un grand désordre.

Les instructions du nouveau gouvernement allemand ne parvinrent donc que le 10, et la discussion des clauses alliées entre le maréchal Foch et les parlementaires ennemis eut lieu dans la nuit du 10 au 11. L'armistice fut signé le 11 novembre à 5 heures, annoncé à la France et appliqué au front par la cessation du feu dès 11 heures du matin.

L'Allemagne acceptait toutes nos exigences, elle contre-signait sa défaite totale.

Tous les Français connaissent les clauses de cet acte mémorable, qui désarme notre ennemie et la met dans l'obligation absolue de subir à bref délai les conditions d'une paix juste.

L'Allemagne restitue l'Alsace et la Lorraine, évacue tous les territoires de la rive gauche du Rhin, cède de larges têtes de pont sur la rive droite du fleuve, remet aux Alliés une grosse part de son outillage de guerre, de sa flotte, de son matériel roulant. Elle rapatrie sans réciprocité les prisonniers de guerre et les civils alliés retenus sur son territoire. Elle annule les traités de paix de Brest-

Litovsk et Bucarest et renonce à toutes ses occupations au delà de sa frontière orientale de 1914. Elle garantit la compensation des dommages et s'engage à commencer les restitutions financières. En deux mots, l'Allemagne est mise dans l'impossibilité de nuire. Et elle entreprend les premières réparations qu'exige le droit.

Un tel acte marque la fin de cette formidable puissance d'oppression et d'exaction, qu'était l'Empire allemand. Il assure le salut de la France et de toutes les nations libres.

.*.

VI. — L'ALLEMAGNE DEVANT SA DÉFAITE — LE ROLE DE LA FRANCE. — UNE ÈRE NOUVELLE.

L'Allemagne tout entière — le fait est d'importance — acceptait sa défaite : parce qu'elle la savait inévitable, absolue, sans espoir d'atténuation. Chefs militaires et civils, grands dignitaires de l'Empire et représentants du peuple, tous connaissaient l'infériorité définitive des armées impériales, battues aux Balkans, au Levant, en Italie, battues quatre mois durant, du 15 juillet au 11 novembre, dans une suite de batailles acharnées sur le front de France. Tous avaient mesuré l'épuisement total des forces de l'Empire : ressources alimentaires, industrielles, réserves de l'armée, faculté de résistance ! Tous redoutaient l'abîme où l'Allemagne risquait de disparaître.

Faut-il rappeler que Ludendorff en personne réclama l'armistice, lorsqu'il vit Bulgares et Turcs vaincus, les Austro-Hongrois incapables de défense — et forcé le passage des formidables « lignes Hindenburg » ? Que le Chancelier de Guillaume II, le prince Max de Bade, conduisit les négociations ? Que Hindenburg ne cessa jusqu'au 11 novembre — et ensuite — de rester à la tête des armées impériales, dans la pensée d'empêcher leur débâcle ? Que, d'accord avec le gouvernement populaire d'Ebert et Scheidemann, il donna aux plénipotentiaires de l'Allemagne les instructions nécessaires pour la réalisation de l'armistice ?

Quatre ans et demi de lutte — durant lesquels l'Empire allemand n'avait cessé de provoquer le monde par ses folles déclarations de guerre, sa superbe, sa violence, son mépris du droit des peuples, ses cruautés insignes — se terminaient pour lui par un effondrement total — militaire, économique et politique, intérieur et extérieur.

Le flot allemand, qui s'était épandu jusque sur la Belgique, les pays baltiques, la Finlande, les confins de la Moscovie, la Pologne, la Serbie, la Roumanie, l'Ukraine, la Crimée, le Caucase, l'Asie Mineure, refluait désormais sur le Rhin et la Vistule.

Près d'un demi-siècle d'entraînement militaire, d'armements dispendieux, de brutale prépondérance impériale s'écroulait. Et, juste châtiment, quel anéantissement de longs efforts industriels, commerciaux, financiers, d'une expansion économique, d'une prospérité matérielle incomparables !

La Prusse et sa dynastie Hohenzollern, responsables de la déviation de toute l'Allemagne vers des méthodes et des buts de domination empreints de démence, étaient frappées à mort !

Jamais guerre plus atrocement meurtrière — pour qui la fit et la subit — n'amena la puissance coupable à une défaite plus absolue.

****

C'est que, pour abattre cette dictature impériale qui prétendait niveler le monde sous ses lois, les nations libres avaient montré un esprit de sacrifice, fait des efforts, véritablement uniques dans l'histoire : sacrifice de la Serbie, qui préféra la dévastation et la mort à la servitude; sacrifice volontaire de la Belgique, qui se dressa contre la tyrannie et paya de quatre ans de domination allemande son refus héroïque; efforts spontanés, admirables de l'Angleterre et de ses Dominions, qui apportèrent aussitôt l'aide considérable de la flotte britannique; noble intervention, méritoire persévérance de l'Italie; merveilleuse abnégation de l'Union américaine qui, délibérément, se jeta dans la lutte à l'heure du péril — sans omettre la longue et vaillante résistance de la Russie, ni le dévoué concours de nationalités éprises d'indépendance et de nombreux Etats : Polonais, Tchéco-Slovaques, Portugal, Japon, Brésil, etc.

Mais l'âme de cette coalition pour la liberté des peuples, la puissance politique qui obtint l'adhésion de toutes ces nations, le glaive qui, par deux fois, sur la Marne, au début et à la fin de la guerre, mit à mal les Impériaux, enivrés de leurs conquêtes : ce fut la France, ce fut l'armée française.

En 1914, 1915, 1916, nos soldats font face au gros des forces — combien supérieures — de l'Empire allemand et les contiennent. Après Verdun, calvaire de la jeunesse française, les Britanniques, en nombre, partagent le fardeau. En 1918, cependant, seules les troupes françaises combattent sans arrêt du printemps à l'hiver; elles s'engagent presque seules contre l'élite des Impériaux du 15 juillet au 8 août. Et ce sont elles, qui, le 18 juillet, font chanceler l'Empire allemand (1).

Contre toute attente, malgré tant de cruelles blessures, dans l'effort ultime, dans la campagne de libération, la

---

(1) Du 15 juillet au 8 août, 76 divisions allemandes, les meilleures, les divisions de choc, pourvues d'un outillage de rupture, luttent contre les seules forces françaises.

Du 15 juillet au 25 septembre, combattent contre les Français, 131 divisions, et contre les Anglais, 88 divisions allemandes.

part française est encore éminente. Du 26 septembre au 11 novembre, les armées alliées eurent à vaincre, au combat, les forces suivantes : l'armée française, en Champagne 26 divisions, sur l'Aisne et sur l'Oise 15 divisions, dans le secteur de Saint-Quentin 21 divisions, en Flandre 6 divisions — au total 68 divisions allemandes; — l'armée britannique (y compris le détachement de Belgique), reformée de mai à juillet par Sir Douglas Haig en vue de cette campagne finale, au cours de laquelle elle se dépassa elle-même, 65 divisions allemandes; — l'armée américaine du général Pershing en Argonne, 27 divisions allemandes; — l'armée belge 12 divisions allemandes. Et comment ne point ajouter encore que cette bataille géante contre ces 172 divisions impériales fut dirigée par un maréchal de France, Foch ?

Ce que furent, en retour, les pertes de la France depuis 1914, qui ne les évoquerait avec douleur ! Un million et demi de jeunes hommes tués ou disparus, soit l'équivalent des pertes britanniques, italiennes et belges réunies — la partie septentrionale de la France, industrielle et riche entre toutes, dévastée — des populations civiles entières décimées, épuisées — des pertes matérielles incalculables.

**.

L'Empire allemand, qui voulait asservir et décimer les peuples par l'épée, a péri par l'épée. Et, comme dans l'antique récit de la Bible, l'arme meurtrière a été maniée par un combattant dont les forces physiques, matérielles, étaient incomparablement plus faibles que celles du formidable assaillant.

Quel est le sens d'un tel duel, grandi à l'échelle de nos peuples, à l'échelle de la puissante humanité contemporaine ?

N'est-ce pas que, malgré le développement démesuré

des ressources, des outillages et des richesses, les forces spirituelles demeurent parmi les hommes les premières ?

Elles l'emportent, parce que capables d'émouvoir, en dépit des égoïsmes et par delà les frontières, les esprits et les cœurs, de créer, au service de l'idée, les instruments nécessaires, d'en tirer un parti inattendu.

La France incarnait la notion de justice : c'est pourquoi elle remua le monde et le décida, pour sauver l'honneur des hommes, à des efforts et des sacrifices sans analogue dans le passé.

Ce faisant, elle s'est sauvée elle-même. Fait rare dans l'histoire, la carte de l'Europe sera refaite d'après une inspiration française et une pensée de droit. Les démembrements imposés à notre patrie à des heures de détresse seront effacés. Déjà, par le retour de l'Alsace et de la Lorraine, réapparaît l'intégrité française. A cette France, ruinée durant la guerre, les négociateurs de la paix voudront assurer en outre les réparations matérielles qui lui sont dues.

Mêmes restaurations pour les autres nations mutilées ou opprimées : Belgique, Serbie, Italie, Etat tchéco-slovaque, Pologne, Roumanie, Grèce, Yougo-Slavie, etc.

Mais les conducteurs des peuples ont compris le sens de cette guerre et son enseignement suprême : que le droit des nations à une vie indépendante ne peut être foulé sans dommages effroyables et qu'il faut l'établir sur des bases à toute épreuve. D'où ce grand dessein d'une association des nations, qui garantira entre elles le respect du droit et le règlement pacifique des conflits. Après tant de crimes inouïs, inexpiables, commis depuis quatre ans et demi, cette création sera comme la revanche, l'honneur de notre époque.

* *

Un libre concours des peuples pour le travail, le développement économique, le rayonnement intellectuel : tel sera le but de cette charte nouvelle dont nos soldats ont rendu possible l'élaboration et que promulguera la Conférence des Gouvernements, à Paris. Dès lors, ce sera le devoir impérieux de la France, si grande dans la guerre par l'union et l'effort, de se distinguer dans les œuvres de paix.

Son génie était accablé par l'amère impression et les durs effets du désastre subi en 1870-1871. Il a été libéré par nos victoires. Les nationalités nouvelles de la vieille Europe, les jeunes peuples de la libre Amérique demandaient naguère l'initiation scientifique à l'Allemagne impériale, dont la splendeur matérielle les fascinait. Elles l'attendront désormais de la France, dont la pensée a entraîné le monde à s'affranchir — de ses Lettres, de ses Arts, de ses grands établissements scientifiques.

Notre pays se doit donc d'organiser, non seulement son relèvement économique, mais sa renaissance scientifique, son expansion intellectuelle. Il a perdu nombre des meilleurs de ses fils. Pour continuer l'œuvre de salut, il lui faut faire appel aux énergies de tous ceux qui restent !

La France possède les vertus d'une grande nation militaire. Comment ne montrerait-elle pas celles d'une grande démocratie généreuse, pénétrée d'un haut idéal social, capable de figurer dans l'élite, qui guide les sociétés humaines ?

Les survivants seront dignes, en France, de ceux qui sont morts. La récompense du sacrifice de la jeunesse française sera d'avoir clos une période d'iniquités sanglantes et ouvert à notre nation, comme à tous les peuples, une ère de grandeur par le travail, par l'élan spirituel.

(Décembre 1918.)

ANNEXE

L'EFFORT MILITAIRE DES GRANDES PUISSANCES BELLIGÉRANTES COMPARÉ

(Mobilisés -- Unités de combat -- Pertes)

	FRANCE	ANGLETERRE	ITALIE	ETATS-UNIS	ALLEMAGNE	AUTRICHE-HONGRIE	RUSSIE
Population	39.601.000	45.370 530 (1911)	35.858.951	102.017.312 (1916)	67.810.000	51.390.230	170.000.000
Nombre de mobilisés pendant la guerre.	8.392.000	5 millions environ plus 900.000 (Dominions) et 1.400.000 (Indes)	5.250.000	3.665.000 dont 2.053.347 embarqués	11.200.000	7.800.000	15.000.000
Nombre d'unités de combat (Div).	113	79 divisions (dont 60 Britanniques) (1918) plus 9 Div. Caval.	57 D. I. 4 D. C.	54 dont 42 en Europe dont (6 Div. de rempla¹)	241 D. I. plus 11 D. C. dont 4 à Pied	74 D. I. plus 7 D. C. P, plus 5 D. C.	202 D. I. et 50 D. C.
Nombre de tués	1.070.000 314.000 disparus	650 704 187.817 disparus	330.000	40.464 plus 14.290 disparus non prisonniers	(1) 1.652.029 tués et 203.000 disparus	840.000	1.500.000 ?
Nombre de soldats morts de maladies.	inconnu compris dans les chiffres ci-dessus	inconnu	130.000	16.034	inconnu probablement compris dans le chiffre des tués	inconnu	inconnu
Nombre de mutilés.	inconnu	inconnu	570.000	non donné (54.751 blessés gravement)	inconnu	inconnu	inconnu
Nombre de blessés.	3.000.000	2.032.142	900.000	189.955	(2) 4.064.000	1 679.000	inconnu

(1) Le chiffre des tués a été donné dans de nombreux journaux allemands. Le chiffre des disparus a été donné dans l'*Oberschwaebisches Anzeiger*.

(2) D'après l'*Oberschwaebischer Anzeiger*. Abrév. D. I. = division d'infanterie. D. C. = division de cavalerie. P. = à pied.

TABLE DES MATIÈRES

L'Effort militaire de la France (1914-1917).

L'Apogée de l'Effort militaire français (mars à juillet 1918).

PREMIÈRE PARTIE : DEVANT LE PÉRIL

DEUXIÈME PARTIE : VERS LA DÉCISION

L'Effort suprême : La Campagne de Libération (10 sept. au 11 nov. 1918).

CHAPITRE PREMIER

La rupture du front impérial.

CHAPITRE II

La Défaite des alliés de l'Allemagne.

CHAPITRE III

Lá Retráite des Armées Impériales.

CHAPITRE IV

Lá Capitulation de l'Empire allemand.

Imp. de Vaugirard, H.-L. MOTTI, dir., 12-13, Impasse Ronsin, Paris.